Tríptico a solo

Copyright do texto © 2007 Maria Estela Guedes
Copyright das ilustrações © 2007 Eduardo Eloy
Copyright da edição © 2007 Escrituras Editora

Todos os direitos desta edição cedidos à
Escrituras Editora e Distribuidora de Livros Ltda.
Rua Maestro Callia, 123 – Vila Mariana – 04012-100 – São Paulo, SP
Tel.: (11) 5904-4499
Fax.: (11) 5904-4495
escrituras@escrituras.com.br
www.escrituras.com.br

Criadores da Coleção *Ponte Velha*
António Osório (Portugal) e Carlos Nejar (Brasil)

Organização e prólogo
Floriano Martins

Editor
Raimundo Gadelha

Coordenação editorial
Camile Mendrot e Herbert Junior

Revisão
Juliana Ferreira da Costa e Antonio Paulo Benatte

Ilustrações de capa e miolo
Eduardo Eloy

Capa e projeto gráfico
Vaner Alaimo

Editoração eletrônica
Vaner Alaimo, Ingrid Velasques e Fábio Garcia

Impressão
Gráfica Edições Loyola

Dados Internacionais de Catalogação na Publicação (CIP)
(Câmara Brasileira do Livro, SP, Brasil)

Guedes, Maria Estela
  Tríptico a solo / Maria Estela Guedes; organização e prólogo Floriano Martins; ilustrações Eduardo Eloy. – São Paulo : Escrituras Editora, 2007.
  – (coleção Ponte Velha)

  ISBN 978-85-7531-269-8

  1. Poesia portuguesa 2. Poesia portuguesa – História e crítica I. Martins, Floriano. II. Eloy, Eduardo. III. Título. IV. Série.

07-7829   CDD-869.1

Índice para catálogo sistemático:
1. Poesia : Literatura portuguesa 869.1

Impresso no Brasil
Printed in Brazil

MARIA ESTELA GUEDES

Tríptico a solo

Organização e Prólogo
Floriano Martins

Ilustrações
Eduardo Eloy

escrituras
São Paulo, 2007

Sumário

Nos regaços comovidos da linguagem, de Floriano Martins 7
Nota editorial 23

1. OFÍCIO DAS TREVAS 25

2. DIÁRIO DE LILITH 115
Primeiro dia 117
Terminal de autocarros 117
Veículo longo, *man*! 121
On the road 122
Fabíola 125
Tietê 126
Fatimah 128
O castelo de Leiria 130
Ribeira de Agudim 134
Ruínas de Conímbriga 138
"Coimbra, cidade do conhecimento" 140
Palácio do Buçaco 142
Espinho 145
Campanhã 148
Douro, a mãe gorda 149
Irmão Francisco 150
Penafiel 152
Quase lá 154
Marco de Canaveses 156

Pala 158
Mosteiró 160
Ermida 162
Hotel Régua Douro 163

Segundo dia 167
O Peso da Régua 167
Cenários do Douro 169
O barco rabelo 172
Zoom....... zuuuuumm, ou Do Amor.....................175
Jardins suspensos...181
A piscina 183
As cortinas 185
As quintas 187
O mito da matéria 189
Do "Livro dos Mortos" 191

Terceiro dia 195
A tempestade 195

3. A BOBA 203

4. Bibliografia de Maria Estela Guedes................238

NOS REGAÇOS COMOVIDOS DA LINGUAGEM

Meu encontro com Maria Estela Guedes se deu em função das revistas que dirigimos, *TriploV* e *Agulha*, revelando a partir de então um entranhável leque de afinidades que nos permitiu, dentre outras atividades comuns, criar um dossiê dedicado ao Surrealismo, instalado dentro do *TriploV*. Meg, como desde então a chamo, pela simpática e sugestiva reunião das iniciais de seu nome, é também uma consistente investigadora científica, área em que se destacam seus estudos sobre Naturalismo, desenvolvidos a partir de seu vínculo com o Centro Interdisciplinar de Ciência, Tecnologia e Sociedade da Universidade de Lisboa. Uma parcela desses estudos se encontra reunida em um volume intitulado *Lápis de carvão*, publicado em 2005. E não devemos esquecer também seus ensaios sobre António Ramos Rosa, Ernesto de Sousa e Herberto Helder, que podem ser encontrados na *Agulha*. Contudo, a oportunidade aqui nos leva ao conhecimento da poeta, através do encontro de três livros que somam recursos de linguagem distintos, como o teatro e o relato de viagem.

Tríptico a solo aproxima esses ambientes distantes apenas aparentemente, permitindo ao leitor observar como a autora os costura de forma substanciosa, agregando-lhes uma acentuada visão crítica. E já o veremos a partir deste prólogo (também ele pautado por esta nossa paixão pela mistura, pelo amálgama), primeiramente através de depoimentos da própria autora, seguidos de uma entrevista em que complementamos abordagens, não sem deixar em aberto o tema para que o próprio leitor se enverede por suas raízes, matrizes, abismos.

1. Ofício de trevas
No *Ofício das trevas* começa logo por me atrair a designação dessa cerimónia católica: missa solene, nocturna. Há várias obras com esse título, musicais e literárias. Julgo que é de Camilo José Cela um *Ofício de trevas*. Essa peça relaciona-se com uma época da minha vida, de crise total, devido sobretudo a um conflito muito sério com o discurso da ciência. Uma ciência que mente, arrogante, que se julga detentora da Verdade, e que por isso se auto-sacraliza. Eu parodio essa sacralização na cena da ladainha constituída por alguns dos muitos nomes científicos que teve, desde finais do século XVIII, a tartaruga-lira, uma espécie descrita por um famoso lente da Universidade de Coimbra, Domingos Vandelli. Mas a peça não reflecte só esse conflito com a ciência; reflecte também o que me levou à mesquita, onde aprendi os rudimentos do islamismo. Se eu não vivesse num país europeu, seria muçulmana. As religiões actuam como a ciência, dominando e cegando com os seus paradigmas. Mesmo sabendo disso, sabendo que as religiões têm a mesma Verdade da ciência, nós não conseguimos viver sem religião, porque é no seu seio que encontramos um alimento indispensável à vida mental: o ofício da luz ou das trevas, a alta cerimónia, o rito, o sacral. Eu seria muçulmana porque o islamismo é nu, directo, simples como um raio de luz. O catolicismo tem excessiva carga idolátrica e icónica para o meu ascetismo. Mas como vivo num país católico, não tenho outra fonte de cerimonial. Na peça, a personagem feminina, Lucy – *Lucy in the sky with diamonds* – Lucy de Lúcifer, o anjo da rebelião, essa Lucy assume o seu próprio sacerdócio porque não acredita no alheio: nem no sacerdócio científico nem no religioso. O rito que ela lidera é poético: ela acredita na Poesia como interlocução divina, acredita na Palavra como portadora de Verdade.

2. Lilith
Lilith é outra Lucy, o meu demónio, a querer tirar uma dor do peito que durava havia dois anos. Aqui para nós,

Lucy, Lilith e outros diabos eram o meu hipertireoidismo, antes de controlado. Aquilo altera o comportamento e dá crises de cólera, um horror. Eu não fazia ideia de que era tão diabólica assim, apenas a minha tireóide estava a descarregar tóxicos para o sangue.

Bom, certa vez comecei a rabiscar quando iniciei uma das minhas habituais viagens de Lisboa para Britiande. Ia-me surgindo uma ideia, uma história, um comentário, a propósito das terras por onde passava. Daí que quase todos os textos tenham um topónimo por título. Fui de Lisboa ao Porto de autocarro. No Porto, em Campanhã, numa grande e antiga estação ferroviária, apanhei o comboio da linha do Douro, mas resolvi ficar na Régua dois ou três dias, porque sou desta zona mas nunca tinha dormido com o Douro, e eu queria dormir com o Douro, assim como quem quer dormir com um homem muito desejado. Ali apanhei uma tempestade de verão, na varanda do hotel, uma chuvada, raios e trovões, parecia que estava nos trópicos. Foi muito inspirador.

Não me sentia melhor: a cólera não se ia embora, a dor no peito continuava, se calhar era coração, porque o hipertireoidismo provoca arritmia e outros problemas cardíacos. Mas eu estava convencida de que o mundo todo se tinha virado contra mim, por isso estava a sofrer fisicamente, pensando que o sofrimento era apenas afectivo. Mas a escrita aliviava-me ou dava-me essa ilusão. A partir da Régua escrevi *A tempestade*, um pouco a duas mãos com o Oscar Portela, o poeta argentino, que anda e andava com uma depressão terrível. Dizia ele que a tempestade nem era a de Shakespeare nem outra: a verdadeira tempestade, a dele, e a minha, pensava eu, era interior. E realmente... Como só mais tarde comecei o tratamento, nessa altura *A tempestade* saiu sem nenhuma referência glandular.

A propósito de referências, as referências preocuparam-me durante a escrita de *Lilith* até A *tempestade*. A partir daí, esqueci-me do problema, que é o de termos pontos de contacto que nos permitam a conversação. Eu escrevi para pessoas como a minha mãe, que não tem estudos quase nenhuns; por isso não há interlocução entre nós, as referências são distintas: eu tenho poucas referências no quotidiano e muitas na arte, tenho poucas referências musicais, por exemplo; então é difícil encontrarmos interlocutor intelectual quando os modos de vida e os pontos de vista são muito diversos. Escrevi para gente como a minha mãe, pensando: as pessoas que conhecem a Régua, Pala, Campanhã, que cultivam vinhas, têm adegas etc., vão aderir. Dou-lhes referências do quotidiano, elas aderem porque conhecem aquilo de que estou a falar. O esforço de falar para esse público hipotético fez com que o poema deslizasse muitas vezes para a prosa. Florzinha, tudo isto depende da região, não é? Tu se calhar não tens essas referências no teu quotidiano, por isso o meu discurso, se é acessível a um lamecense, já deve ser muito abstracto para um cearense. O que nos salva é outro tipo de referências: os afectos que andam pelo meio das linhas, coisas pouco claras a que chamamos "poesia". A poesia é para nós uma rede de referências universal, uma linguagem acima do léxico e acima das línguas.

3. A Boba
Um dos nossos grandes mitos é o dos amores entre Inês de Castro e o rei D. Pedro I, o Cru, ou Justiceiro. *A Boba* não desmitifica, como aliás refere Eugénia Vasques no prefácio da peça. A ideia não é desmistificar, e sim pôr o mito a nu, deixar claro que aquela história de amor só pode ser mito e mais coisa nenhuma. Então, *A Boba* desmistifica, tira a máscara radiosa às figuras, mostra a História. E a História, seja a de Fernão Lopes seja a de uma ficcionista como Agustina Bessa-Luís, diz que a História é uma ficção. A Boba é o terceiro demónio, um *joker* em baralho de cartas. Ela declara-se o Mal em persona: foi ela, Miguéis, quem tramou toda a tragédia... Mas realmente ela não é culpada da morte de Inês de Castro, sim de se atrever

a dizer o que terá sido coroado, meia dúzia de anos após o enterro da *Reine morte*. Aliás, todos os detalhes históricos que ela refere são endiabrados.

AO DIÁLOGO

FM – Comecemos tratando diretamente do encontro dos três livros aqui reunidos, no que diz respeito à presença coincidente de seus protagonistas femininos: Lucy, Lilith e a Boba. De que maneira estas mulheres se entrelaçam, pensando nas conexões [tuas] possíveis entre vida e obra?

MEG – Tu é que escolheste os livros. Como já me vais conhecendo, escolheste segundo uma unidade mental, a de o solo ser eu em três versões não muito diferentes. A Boba parece uma figura medieval, porque conta a história dos seus amores com Inês de Castro. Mas, pondo de lado a História, é claro que boba sou eu: faço disparates, momices, digo coisas que dão vontade de rir, além de desempenhar o habitual papel crítico concedido a essas personagens. As três são figuras fosfóricas, buscadoras de luz mais do que transportadoras dela, e isso é visível sobretudo no *Ofício das trevas*, por contraste. Em suma, as três têm a paixão de um conhecimento a que a verdade não seja alheia.

FM – Em termos de linguagem, temos um livro central na forma de poemas – que a rigor são relatos de viagem – e duas peças de teatro, sendo a última um monólogo. Esta relação entre poesia, teatro e relato é algo que buscas como definição de uma poética ou o caminho a ser trilhado opta por uma linguagem a sobrepor-se as demais?

MEG – Se tivesses escolhido ensaios e excluído o teatro, as linguagens seriam diferentes. Em todo o caso, não vejo grande diferença entre as formas de expressão. O livro mais lírico dos três, o mais profundamente poético, é a primeira peça de teatro, *Ofício das trevas*. A Boba é muito directa, não se perde pelo caminho com lirismo nem retórica, ela tem um discurso sintético, realmente próprio de teatro. E o livro a que chamas de relatos, *Diário*, mais próximo estaria de um Horário ou Minutário... Bem, os poemas deslizam muitas vezes para a prosa ou inversamente: existe o relato, uma vontade de contar que ora usa a prosa ora o verso, porque o importante para Lilith é ser ouvida por pessoas de instrução inferior a dela. Então busca referências no quotidiano para eu mais facilmente me encontrar com o leitor, já que os interlocutores são as próprias personagens: no interior de cada texto não faltam ouvintes, e mesmo a Miguéis tem muita gente à volta, que ela interpela; o seu discurso é um falso monólogo: a Boba dirige-se sempre a alguém: ao público, a Inês de Castro, a D. Pedro, a D. Afonso IV. As personagens, as pessoas internas, ouvem e entendem. O problema é chegarmos ao coração dos leitores. Como dizer, em que registo, para sermos compreendidos?

FM – Este é um velho dilema da criação artística. Inclusive muita arte de pouca expressão se guia por esta deliberada preocupação com a maneira eficaz de ser compreendida. Nisto quase sempre há, inclusive, uma subestimação do outro, do espectador; do leitor, no caso da literatura. A arte deveria ser mais um estímulo à certa avidez por novas experiências, novas formas de conhecimento. Não te parece?

MEG – Sim, esse é um falso problema, intelectual e artisticamente falando. A arte é um estímulo à avidez por novas experiências, novas formas de conhecimento, sim; mas só entre nós dois, só entre parceiros. Não existe tal relacionamento entre um poeta e o engenheiro que vive na vivenda ao lado. Salvo alguma excepção bem-aventurada, esse estímulo não funciona com os professores dos nossos filhos e ainda menos com o homem do talho. Isso incomoda, parece que as classes sociais passaram a classes intelectuais e que vivemos segundo a nossa em prateleiras diferentes. Onde está o tempo em que o povão apupava e aplaudia o próprio Shakespeare, representando as suas peças? Comendo, bebendo e gritando, em pleno espetáculo? Incomoda, não é falso problema do ponto de vista emocional. Interessa à nossa vontade de ser felizes que o outro nos acompanhe, nos reconheça. Vejamos, Floriano, esse é um problema imenso e verdadeiro, tanto mais doloroso quanto insuperável. Imagina uma sala de espetáculo em que um poeta diz versos para uma platéia vazia... Imagina os nossos livros, em Portugal, a não serem vendidos, o comércio livreiro a ruir, as bancas dos *shoppings* a serem inundadas por essa literatura descartável vinda sobretudo dos EUA... Tudo isto é uma punhalada no coração de Lilith, a pobre diaba, que sofre verdadeiramente, e sobretudo por não ter remédio para a situação.

FM – Porém, há que estimar quais os obstáculos decorrentes de certa debilidade estética daqueles que são impostos por uma visão deformadora do próprio mercado de livros. Claro que ao autor interessa que o leitor se reconheça nele e que o acompanhe. Contudo, quem em Portugal mais contribui para o afastamento do leitor em relação ao livro: autores, críticos, imprensa, editores... Quem?

MEG – Todos nós contribuímos para o descalabro, mas poria em primeiro lugar a instrução pública. De raiz, algo corre mal nas escolas, as pessoas crescem sem interesse pelos livros, dirigidas apenas para a futura carreira e tendem a confundir com cultura os passatempos de televisão. Ignoram que a cultura está na base da civilização; da arte esperam a representação própria do classicismo, esgotada no século XIX; pensam que "cultura não enche barriga" e decretam que "a cultura não dá votos". Ora, sem Camões, sem Fernando Pessoa, sem Amália Rodrigues, sem Chico Buarque, sem Clarice Lispector etc., os professores não teriam nada que ensinar, por isso não haveria professores, a imensa indústria musical não daria emprego a tanta gente e, por aí adiante, teríamos um mundo mil vezes mais esfaimado do que já é. Nessa situação, o problema eleitoral ficava resolvido, por falta de entidade a quem dar votos...

FM – Há um nítido cenário paródico em *Ofício de trevas* que põe em conflito as relações entre ciência e religião. Dizes que "não conseguimos viver sem religião, porque é no seu seio que encontramos um alimento indispensável à vida mental: o ofício da luz ou das trevas, a alta cerimônia, o rito, o sacral". Contudo, também o homem consegue viver sem ciência e hoje como que se encontra mais refém desta do que da outra, e sob certo aspecto por um mesmo efeito religioso – no caso o da sacralização da tecnologia, por exemplo. Como a Poesia opera entre esses dois mundos, no sentido de recuperar a essência humana?

MEG – O cenário em que se parodia a ciência é o da ladainha dos nomes científicos da tartaruga-lira, *Dermochelys coriacea* (Vandelli, 1761). Era fatal: de um lado os textos científicos estão escritos em latim, de outro o catolicismo permite a paródia, as missas do burro. Nota, entretanto, que da minha paródia está ausente o zurrar do burro! A ladainha é declamada, cantada em gregoriano e em canto corânico, com uns pormenores militares pelo meio, mas nada de deselegante. O cerimonial é tão solene como o da missa normal, e isso é possível por causa do latim. O grande cerimonial deriva do mistério, do terror ligado ao sagrado que vem do desconhecido. Esse clima existia na missa antiga, dita em latim, porque as pessoas falavam essa língua alienígena, sem a entenderem. Do mesmo modo, quem entende o que seja uma sinonímia de espécie? Uma lista de nomes de plantas em latim é um texto misterioso para os leigos, algo de ar terrífico. O comum dos mortais imagina que os cientistas já classificaram todas as espécies da Terra, e que essa classificação é imutável. Não faz ideia de que existem centenas de diferentes espécies só entre os coleópteros. Ri-se quando verifica que os coleópteros (escaravelhos) são objeto de estudo científico, como se a ciência só se ocupasse de cavalos de corrida e de cães de caça, por serem animais grandes e belos. O comum dos mortais não faz ideia de que a Zoologia se ocupa de mosquitos, formigas e toupeiras, e não estuda galgos nem cavalos, porque esses animais não são fruto de seleção natural! Quem estuda galgos e cavalos são os veterinários, as ciências aplicadas, aquelas que justamente criam novas variedades de tartarugas, de cães e de ovelhas. O comum dos mortais não sabe que dada espécie, no caso a tartaruga-lira, tem uma sinonímia, isto é, um cartão de identidade em que a ciência registou não um nome, sim os muitos nomes científicos que já teve, até certa data. A sinonímia da *Dermochelys coriacea*, uma espécie gigante, conhecida da ciência desde pelo menos 1761, é tão extensa, e são tão irónicos certos nomes, como o de *porcata*, que só entendo o incidente como autoparódico.

É a própria ciência que ri de si mesma, e então eu apenas torno evidente esse riso. Em rigor, a paródia não é minha. Mas não é por a ciência estar sempre a mudar os nomes das espécies que eu me incomodo! Essa mudança de nomes é espelho do que para mim é mudança da espécie, mutação! Ora as espécies só mutam de forma tão óbvia que seja preciso mudar-lhes a identificação se existir seleção humana, se estivermos a lidar com os resultados da intervenção da técnica de pecuária ou de piscicultura e não com a ciência fundamental. Nesse caso, não podemos falar de espécies, sim de híbridos, variedades, criaturas como os caniches, que já só falta nascerem de laçarotes na cabeça!

Para te responder mais diretamente: no *Ofício das trevas*, a ciência diz a sua missinha como qualquer padre, donde não aparece grande diferença nos métodos nem nos objetivos de ciência e religião. O que pode a Poesia fazer, perguntas tu? Pois, a Poesia mente menos, para já. A Poesia é mais autêntica, porque esses discursos auto-sacralizadores usados por religiões e ciência mais não são afinal do que a Poesia. O cerimonial e a sacralidade vêm da Poesia e não de Deus, certo? A Poesia é a mãe destas modalidades bastardas de ser e estar na Palavra. Por fim, a poesia mostra, ela tem Luz própria, é ela a Estrela. Tudo o mais são planetóides...

FM – Retornemos às origens, aos primeiros impulsos que te conduziram à Poesia, identificações, buscas, enfim, por onde e em quais circunstâncias começas a escrever.

MEG – Rasguei há pouco uma série de textos da minha adolescência. A Lilith fala disso, espantada, porque num deles referia a *Nadja*... Desde o Liceu que escrevo versos, a poesia coincidia em mim com os grandes conflitos amorosos. Como se a paixão tivesse uma língua natural, o poema. Usei por isso os poemas como instrumentos de sedução. Sim, é possível que haja inéditos meus na gaveta ou na mente de alguns dos meus amados... Só comecei a olhar para o que escrevia com interesse editorial depois de os jornais terem começado a publicar crônicas e ensaios. E depois de grandes revelações poéticas, que podem não estar expressas em verso, como Octavio Paz, Herberto Helder, Umberto Eco, Rabelais... O excesso, os excessivos, os que transgridem as normas, como Luiz Pacheco, esses sempre me deslumbraram, porque, além de outro valor, têm o da coragem. São os meus heróis, os meus Batman... Mas olha, eu não cultivo muito a poesia, ela está em mim demasiado ligada à depressão. É preciso estar na fossa, de coração partido por algum amor impossível, para ela aparecer cá por casa, toda pintada, de saltos altos e vestido berrante, a exigir o meu lugar diante do computador para se entregar aos seus versos. Ou então de comportamento alterado com as substâncias tóxicas lançadas no sangue pela tireóide, que foi o que aconteceu no *Diário de Lilith*, mas eu não sabia. Deixa-te estar sentado, não há problema... Já fui ao médico, os demônios estão a ser controlados...

FM – E a paixão pelo teatro, resulta de quais conflitos? Tens encenado os textos escritos ou pretende fazê-lo? Esta seria tua linguagem preferida ou acaso radica no ensaio uma maior afinidade expressiva?

MEG – Em princípio, eu escrevo em qualquer género, mas sou mais solicitada para o serviço público, o ensaio. De qualquer modo, as duas peças do livro também resultam da vontade de satisfazer pedidos. O *Ofício das trevas* fez parte dos projectos de investigação do CICTSUL, Centro Interdisciplinar da Universidade de Lisboa, de que sou membro. *A Boba* resulta de um desafio da Eugénia Vasques, crítica e instigadora de teatro. Investigadora, devia ter escrito... O teatro dá-me imenso prazer, tenciono prosseguir a linhagem da Boba com mais uns mitos, em especial o de D. Sebastião. Dá-me prazer porque é um género altamente controlável, em que consigo ter todos os pormenores na cabeça. Não gosto de livros grandes, que não possa abarcar em menos de umas três horas de leitura. Livros grandes, se têm uma arquitectura, são difíceis de construir. Uma criadora perde-se neles, mata uma personagem, esquece-se de que a matou, e depois lá aparece ela a atravessar a rua toda vivaça... A mim nunca tal aconteceu, mas acontece a outros. Uma vez ouvi Agustina Bessa-Luís a desculpar-se desses lapsos, dizendo que um romance é como a vida, na vida também nos esquecemos. Pois esquecemos, concordo com ela, mas na vida os mortos não andam a fazer compras na Baixa...

Gostava muito que as minhas peças fossem à cena, mas por enquanto só foi montado um espectáculo, *O Lagarto do Âmbar*, na Fundação Calouste Gulbenkian. Pode ser que os brasileiros leiam o livro, se entusiasmem e encenem as peças. Nós, por cá, estamos de algibeiras vazias, numa crise sem paralelo! Afinal, em muito do que eu escrevo há marcas do Brasil. Tenho estudado os Naturalistas, por isso, em ensaio, há bastante matéria publicada, nas circunvizinhanças das Inconfidências: Mineira e Baiana. Ensaios sobre João da Silva Feijó e Álvares Maciel. Este foi o ideólogo e iniciador maçónico do Tiradentes, era o naturalista que devia proceder ao armamento da revolução. No *Ofício das trevas* notam-se uns vestígios brasileiros dessa investigação sobre a História Natural.

FM – Em um ensaio teu, lemos a seguinte passagem: "Pôr portas no campo é o mérito maior dos movimentos da modernidade, e não só dos surrealistas: não se trata tanto de subjugar à sua liderança teórica e modelos poéticos a capacidade de criação alheia, mas de fornecer o campo e o húmus necessário ao florescimento do que nunca poderia ser -ista em sentido estrito, dada também a rebeldia inerente a cada artista, a sua necessidade de seguir caminho pessoal. O Surrealismo é ainda hoje uma porta de entrada e de saída, uma casa de família a qual o filho pródigo ainda pode retornar". Como situar em Portugal, nominalmente, esta porta de dupla função, naturalmente considerando suas variações e atualidade?

MEG – Eu nunca poderia ser como sou se autores como Octavio Paz me não tivessem posto portas no campo. Portas manuelinas na selva amazônica, entenda-se. E dito: salta, não tenhas medo da extravagância, é assim que te libertas e exprimes a tua própria singularidade. O Surrealismo tornou essas portas um movimento, instituiu a liberdade de expressão poética. Aquilo que em Rabelais é excepcional, individual, com o Surrealismo tornou-se coletivo. Nesse momento eu não consigo situar nada em Portugal, não creio que exista nenhum chapéu que recubra várias cabeças ao qual se possa dar um nome terminado em -ista. Para já, os intelectuais portugueses são *snobs*, odeiam pertencer a grupos em que estejam A, X, e Z, odeiam Z porque se sentem plagiados por ele, não se apercebem de que já Carlos de Oliveira, no seu tempo, fez o que eles agora nem sabem que repetem etc., por isso mais facilmente se organizam em capelinhas do que em movimentos estéticos. Eu sinto alguma necessidade de pertença, por isso pertenço, sou membro de centros e de instituições. Agrada-me estar no meio de vós, não me incomoda a pertença surrealista, pelo contrário. Mas aqui, em Portugal, para a maior parte dos intelectuais, o Surrealismo é algo que pertence ao passado. Nesta casa ou em qualquer outra, eu não suporto coleiras de idéias pré-fabricadas, por muito que pertença. Mas penso que um dos equívocos sobre o Surrealismo é esse, e é dele que falo na frase que citaste: o Surrealismo não exige seguidismo, submissão. Seria inconcebível esperar que um Buñuel seguisse caninamente as pisadas de um Salvador Dali, por muito que ambos tenham criado *Un chien andalou*. Não existem dogmas em arte. O Surrealismo não pode confundir-se com uma ideologia. Basta o seu estímulo à liberdade para garantir que não ata, não agrilhoa escolasticamente, e que a qualquer momento pode incitar à mudança. Por esse fluxo, podem filhos pródigos voltar a casa, podem aí berçários mostrar ao mundo que do movimento surgem revolutivos nascituros...

FM – Estou de acordo e ao mesmo tempo lamento que o Surrealismo se mostre hoje em diversos países mais com um perfil deste "seguidismo" que apontas do que propriamente com um sentido de liberdade que sempre o caracterizou. Dentro e fora de Portugal, é possível identificar obra surrealista com a qual dialogas mais intensamente, que possa ser referência na definição de uma poética tua?

MEG – Talvez tu possas dizer, eu não. Os autores surrealistas que mais me marcaram não se considerariam surrealistas. Um deles é o rival de Cesariny, editor de Cesariny, o surrealista-abjeccionista Luiz Pacheco. É claro que tenho pontos em comum com Herberto Helder, que a semelhança afectiva me aproximou da obra dele, que pode até dar-se o caso de saber de cor frases dele sem saber que as sei de cor, e por isso reproduzi-las em textos meus. Noutros tempos isso ter-me-ia incomodado, mas acima desses nomes situa-se um outro, com o qual não devo ter grandes afinidades estéticas, mas que considero um Mestre: Ernesto de Sousa. O Ernesto citava como se os textos fossem dele – "Quando eu nasci, todas as frases que haviam de salvar a Humanidade já estavam escritas, só faltava uma coisa: salvar a Humanidade!" –, o Ernesto dizia coisas inacreditáveis como esta, que justificam a apropriação do alheio como nosso: "O teu corpo é o meu corpo é o teu corpo". Não me perguntes a quem pertence a tirada, se a Joseph Beuys se a Filliou: para mim, ela é puro Zé Ernesto. Depois de ter tido aulas com um espírito verdadeiramente iluminado e de vanguarda como o Ernesto de Sousa, podem todos os vira-latas latir-me às canelas, que eu seguirei impávida o meu caminho. Tenho textos maus, às vezes ouve-se neles o canto das aves, estranho era que assim não fosse.

FM – Peço que comentes sobre a trajetória do *TriploV*, desde seu surgimento, não esquecendo de mencionar sua recepção, em Portugal, junto à mídia impressa.

MEG – A mídia brasileira, como bem sabes, logo que o *TriploV* apareceu, fez-nos uma entrevista no jornal *O Escritor*, da UBE. Aqui, não. O que não quer dizer que o *TriploV* seja desconhecido. Não é, e também fui entrevistada, mas pela imprensa regional, um jornal de Viseu. Todos conhecem o *TriploV*, há muitos sítios, alguns bem valiosos, como o Instituto

Camões, com *links* para nós. Muitos artigos do TriploV vão para outros espaços editoriais, virtuais e em suporte de papel, caso dos meus, publicados num jornal da região do Porto, *O Progresso de Gondomar*. Eu penso que as pessoas ainda não sabem o que significa figurarem no *TriploV*. A avaliar pelo pudor em referirem sítios em bibliografias, em publicarem no ciberespaço e tal, eu diria que muita gente pensa que "virtual" significa "inexistente". Não contes a ninguém, mas às vezes dá-me vontade de chutar aqueles que se aproveitam, e depois não mencionam o que têm publicado no *TriploV*.

Bom, estamos ambos no *TriploV*, ambos estamos na *Agulha*. O *TriploV* tem seis anos. Passou de zero a alguma audiência, e neste momento, deixa ver, vou consultar o último relatório do Magno Urbano, que data de abril de 2007, portanto do mês passado. Posição do *TriploV* no *ranking* mundial: 142.760º lugar. Isto em trinta e tal bilhões de *sites*. Entre os 7 milhões que existem em Portugal, vamos no 6.053º. Quanto ao Brasil, figuramos entre os 7.000 mais visitados, num total de 143 milhões. Acho fantástico este recorde, esta posição vanguardista no Brasil.

Porém há números mais importantes. Mais importante é a carga transportada nos porões da cibernave: vinte mil páginas, cinquenta mil imagens, um milhar de autores representados com obra, desde a Idade Média até ao momento, várias nacionalidades num grupo que se constituiu de forma mais ou menos espontânea, com duas colunas fortes a segurá-lo: Portugal e Brasil. Na maior parte, são os autores que se aproximam do *TriploV*, eu já não preciso de pedir colaboração. Chegam sobretudo do exterior: são estrangeiros e emigrantes portugueses. As pessoas não reparam na bandeira da fachada e no que está escrito debaixo dela: pensam que o *TriploV* é um sítio brasileiro.

E pronto, isto também é obra tua, a equipa inicial mantém-se: cooperação com a *Agulha*, onde estás tu e o Claudio Willer, e coordenação minha, do José Augusto Mourão (Lisboa) e Maria Alzira Brum Lemos (São Paulo). Investi muito, agora colho os frutos. São saborosos: no verão vou conhecer mais colaboradores do *TriploV*, no Peru e no Brasil. Participarei em cursos e colóquios com eles. Tudo o que acontecer terá registo no *TriploV*, para as pessoas em todo o mundo irem lá dar quando fazem pesquisa no Google. E finalmente: sem *TriploV*, não te teria conhecido a ti e por isso este livro não teria nascido.

Agora já chega, recebe um ciberbeijo e vai dormir, são horas de recolhermos a penates.

Floriano Martins
Fortaleza, Lisboa, 2007.

NOTA EDITORIAL

Maria Estela Guedes (Portugal, 1947). Poetisa, ensaísta, editora. Dirige o *TriploV*, sítio criado por ela em 2001. O título desta publicação decorre de um Grupo VVV, criado em Lisboa nos idos de 1987 – do qual Estela participava, ao lado de Ernesto de Sousa e Fernando Camecelha –, por sua vez uma lembrança da revista surrealista *VVV*, criada por André Breton quando de sua estadia em Nova York nos anos 40. *Tríptico a solo* reúne três livros distintos da autora portuguesa. *Ofício das trevas* e *A Boba* tiveram a primeira edição na Apenas Livros Lda., colecção *Teatro no Cordel*, a segunda peça com prefácio de Eugénia Vasques (Lisboa, 2006; 2007). *Diário de Lilith* é um livro inédito, à excepção dos poemas "Pala, Jardins suspensos" e "A Matéria", que figuram na *Antologia 2007 – Poetas na Surrealidade em Estremoz* (Ed. da Câmara Municipal de Estremoz, 2007). Todos estão em linha em www.triplov.com, o *Ofício das trevas* numa versão com música de Mário Montaut, letras de Floriano Martins, voz de Ana Lee e Mário Montaut, e *cyberdesign* da autora e de Magno Urbano. Os três livros foram reunidos especialmente para esta edição, aos quais se junta a presença do artista brasileiro Eduardo Eloy (1955), com uma série de técnica mista sobre cartão. Eloy é também professor de gravura e materiais artísticos, além de consultor de arte e curador. Foi presidente e fundador, ao lado de outros artistas, do Instituto da Gravura do Ceará. A foto de Maria Estela Guedes é de José M. Rodrigues, fotógrafo português.

Ofício das trevas

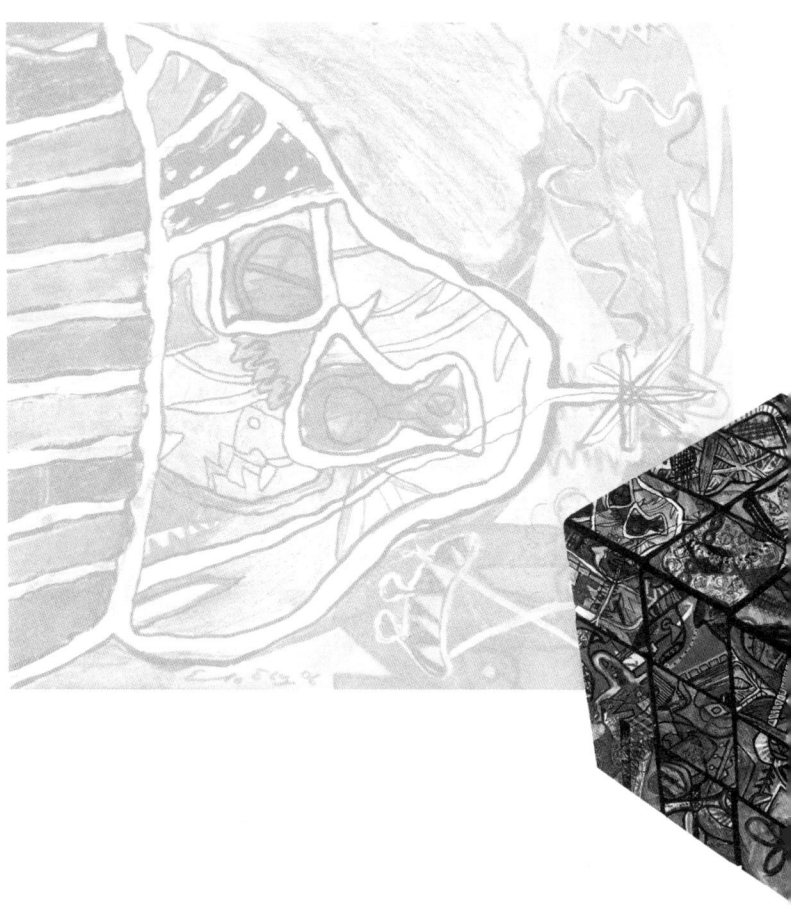

Ofício das trevas (ou *ofício de trevas*) é uma cerimónia medieval da Paixão, que consiste em ir apagando as velas de um candelabro, o Tenebrário, até só uma, que representa Cristo, ficar acesa.
A acção desta obra, inspirada na cerimónia do Tenebrário, decorre na nau Gabriel, atracada num porto da Costa dos Escravos, enquanto Lucy, a comandante, espera alguém que já embarcou, mas ela não vê.
Os passageiros – Tenebrário, Yoruba, Invisível, Dangbé e Sylvia – viajam até Lisboa, para apresentarem a sua criação na Expo Matéria Espiritual. Lucy não se satisfaz com esse objectivo, quer uma causa e um destino para a viagem, porque continua a não ver que já tem essa causa e esse destino.
Além da matéria religiosa cristã, estão presentes matéria islâmica e egípcia.
Outra informação pertence ao âmbito da História Natural.

PERSONAGENS

Lucy — comandante da nau Gabriel
Tenebrário — candelabro, padre
Yoruba — imã, mercador ambulante do Benim
Invisível — só uma voz
Dangbé — jibóia, pitonisa
Sylvia — toutinegra, sacerdotiza
Coro

CENA 1

Altar com candelabro de 15 velas, todas acesas. Mais nenhuma luz.

Coro (gregoriano) – Cantamos nas trevas, vivemos nas trevas, ancorámos nas trevas.

Lucy – Luz, dá-me um jarro de luz. Nesse céu equatorial, observas-me, ó Cruzeiro do Sul! E não, não me basta a tua, preciso de mais, mais luz. Aguardo um invisível passageiro (apaga a primeira vela). Para o revelar, fecho-me na câmara escura.

Coro – Tens completa a lotação, mar, o rio Níger, a nós por faroleiros. Tens barco, mapas e objectivo. Que te falta? Larga a Costa dos Escravos e faz-te ao largo, ó marinheira!

Lucy – Falta-me Destino além do objectivo. Uma porta no horizonte aberta para outro reino. Sem ela, um dia direi adeus profundamente comovida por ter vivido, ignorando que nunca soube o que era a vida (apaga a segunda vela).

Coro (gregoriano) – Dizem que no universo não há projecto nem destino, que a vida é incidente do acaso...

Lucy – Como pode a ciência dizer isso, se nem a Biologia sabe o que é a vida? Sei eu que viver assim é intolerável, sei eu que já não aguento mais ser esta coisa. Preciso de uma causa, um fim, uma porta para sair do nada...

Coro (gregoriano) – Vivemos nas trevas, ancorámos nas trevas, não conseguimos sair das trevas... Lucy!...

Lucy – Invoco a noite primária, ó Darwins, ó sábios para quem já não há mistérios, mostrai-me o pim-pam-pum do *big bang!* Quero ver a molécula dar à luz um ramalhete de criaturas diferentes dela (apaga a terceira vela). Mostrai-me a vossa varinha mágica, essa que o *Bufo regularis* em príncipe transfigura. Beijarei o sapo, se me demonstrardes que não há nada de metafísico na evolução. Porque determinais que é irrefutável a filogenia? Deixai-me tocar as vossas chagas com estes cinco dedos que não pedem mais do que a verdade para nela acreditar, ó sábias catedrais! (Apaga a quarta vela). Tenho sede, muita sede. Mas em que biblioteca há aquedutos de águas liberais?

Coro (gregoriano) – Cantamos nas trevas. Se a filogenia é irrefutável, então não passa de magia... Ancorámos nas trevas.

Lucy – Quero ver a vossa árvore da vida, saber em que instante irrepetível em sua copa fui criada (apaga a quinta vela). Apontai-me o lugar onde a vida surgiu de uma única raiz do caos. Mostrai-me os vossos diagramas e metáforas, para que vos diga que tudo isso é mito sem a beleza dos mitos das origens (apaga a sexta vela) e que tudo isso é contrafacção do sagrado.

Dizei, constelações bem-amadas, que tendes escrito em vosso bestiário, cujo imperceptível movimento a *Testudo sulcata* reinventa? Ensinai-me de que *Stabat Mater* nasce a Lua, e em que Sol da meia-noite a espécie divina em meu sentimento se fez carne (apaga a sétima vela). De qual das cosmogonias saiu a bactéria, o dragoeiro e o gorila, de que coágulo evolutivo saí eu? (Apaga a oitava vela).

Coro (falado) – De Teologia não percebemos nada. Porque não perguntas à Igreja?

Lucy (apaga a nona vela) – Oh, já perguntei, e a Igreja respondeu que, de filogenia, não percebia nada. Sabe que não acredito se me der a Criação na bandeja da escolástica. Estive duas vezes em Santa Sophia para só aprender que tal santa não existe.

Coro (gregoriano) – Cantamos nas trevas. Onde a Palavra? Vivemos nas trevas. Qual dos livros diz a Verdade? Ancorámos nas trevas.

Lucy – Invoco-me, ó noite transgaláctica, mãe de todas as noites que se seguiram, absoluta matriarca...
Ah, quem na biosfera nos cogita, observa, que Gaia com os nossos desacatos uiva de dor, se protege, com vírus que não escolhem alvo fulminando? (Apaga a décima vela). Quem é essa *Magna Mater* sulfurosa que se auto-regula matando? Matando não uma fé, não um clã, não uma classe, mas que entre todos vai ceifando, como quem governa a partir de um quarto reino da Natureza, cegamente democrático?

Coro (gregoriano) – Cantamos as trevas. Anilhámos as trevas. Amamos as trevas.

Lucy – E quem sois vós? Trazeis-me a resposta ao "Como viemos para aqui e em que horto foi plantada a mística Rosa?" (Apaga a 11ª vela).

Coro (falado) – Somos jardineiros, filósofos naturais, investigadores em caríssimos projectos da *big science*. Vamos a Lisboa expor-nos à consagração mundial. Corremos os sertões de Benguela, a floresta do Amazonas, coámos ouro em Minas Gerais. Subimos ao Pico de Santa Isabel, trepámos as encostas do Monte Chela. Da cratera do Pico do Fogo, o Feijó até mandou amostras de sulfato de soda a Domingos Vandelli. Pergunta, ó incrédula: como é possível que no séc. XVIII já se conhecesse ao natural este composto fabril da pólvora? Levámos a *Victoria regia* à Exposição Universal de Londres, para que os elefantes pudessem saltitar de nenúfar em nenúfar; ensinámos-te o segredo da *Welwitschia mirabilis*, essa outra planta gigante, que vive no deserto de Moçâmedes... Tanta criação, ó Deus! Não basta?

Lucy (apaga a 12ª vela) – O meu coração é uma caixa de fósforos. Eis o que resta. Em que fogueira me assas, ó Flamingo *ruber roseus*? Que lume queres tu que ateie por onde os meus passos correm? Eis o meu coração, sublinha nele a rubrica e apaga a palavra que não presta.

Coro – O coração é o navio. Eis o que resta. Oh, a invisível presença! Uma aorta de fogo exposta na festa. Que lucidez é a nossa? No coração, está tudo o que sobra... Tanta criação, ó Deus! Não basta? Olha, Lucy, aproxima-se um castiçal da tua escuridão...

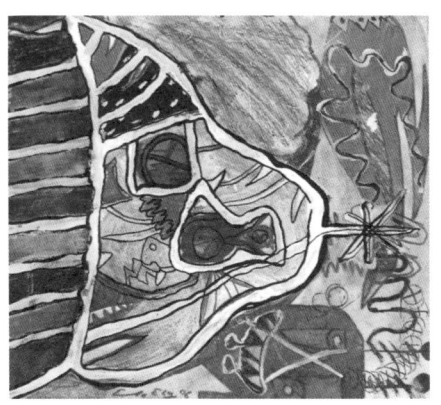

CENA 2

Uma luz que se vinha aproximando está na cena escura. É um homem alto com fato negro brilhante que transporta um círio. Pousa uma caixa de fósforos no altar.

Lucy – Tu quem és, ó lampadário? E que fazes na Costa dos Escravos? És o invisível companheiro que esperava? (Apaga a 13ª vela).

Tenebrário (acende a vela que Lucy tinha apagado; ela apaga-a) – Quando se apagam todas as estrelas, eu sou a luz que resta. Por isso me dão o nome de Tenebrário. Trouxe-te um punhado dela, para que me distribuas como espécie... (Lucy apaga o resto das velas; fica só a luz do Tenebrário) Mau... Mau, mau... Porque estás tu a apagá-la?

Lucy – É melhor assim, não? Para acabar com o ofício das trevas... (Com o círio, o Tenebrário acende-lhe uma vela).

Tenebrário – Não é com artifícios de teatro que passas das trevas para a luz, mas está bem, a vigília é tua, reza-a como quiseres. Diz: para onde vai este transporte colectivo?

Lucy – (Começa a acender velas aos elementos do Coro, que se aproximam um a um e depois regressam ao seu lugar) – O objectivo da excursão organizada é a Expo Matéria Espiritual, em Lisboa. Vamos lá exibir a nossa criação. Agora o Destino da que não foi planeada... Uma coisa é certa, meu amigo: ando muito farta de expedições turísticas, de guias que só debitam a materiazinha da aula. Apeteceu-me outra espécie de viagem, mas estou com medo...

Tenebrário – Medo de quê? Falta-te a prática do lugar?

Lucy – Não há prática do lugar desconhecido... Nem mapas, nem referências objectivas. Só entradas pagas com o risco de não haver saída...

Tenebrário – Pois... Uma questa...

Lucy – Uma questa?! Se ninguém sabe responder ao que demando... Questionários já eu fiz muitos, e até só pergunto as simplicidades de catecismo de que já estou muito esquecida. Qual quê? Fingem que não ouviram, respondem ao que não perguntei, ou dizem que disso não percebem nada... (Acende outra vela). E o invisível passageiro, que já está tão atrasado... Tu para onde queres ir, ó Tenebrário?

Tenebrário – Eu já cheguei ao destino (aponta o Tenebrário). E amanhã, para variar, apetecia-me comer o cordeiro pascal no Benim... Fica na tua rota, ainda por cima... Deixavas-me em Ajudá. Esta África anda impossível. Todo o orbe, de resto, está intransitável. Morte de Deus, morte da História, a ciência que não tem provas de nada, fome, guerras, racismo, doenças, vírus...

Lucy – E essas bactérias do âmbar e da resina do copal, que dizem chegar fresquinhas de muito antes do Plistocénico? (acende outra vela).

Tenebrário – Acreditas que ressuscitam no espectro de um lagarto do âmbar?!... Acreditas que um ser vivo acorde, como a Bela Adormecida, ao fim de um sono de alguns cem milhões de anos? Bem, isto pela cronologia longa, porque, se for pela curta, é só metade. Em todo o caso, olha que é muito milhão de anos...

Lucy – Contem-me histórias de fadas e varinhas mágicas e eu desmaio de beleza narrativa só de ouvir falar em dormir cem anos... É uma forma de acreditar... A ciência tem maneiras de recontar os nossos sonhos, atribuindo-lhes fachada realista... Diz-se muito objectiva e é o que basta, toda a gente acredita que, para alcançar a verdade, é preciso uma enorme distância...

Tenebrário – A verdade!... Vi-a com estes olhos no telejornal... Vi a bactéria ressurrecta, entenda-se...

Lucy – Oh, a televerdade! A verdade é que ancorámos nas trevas (acende outra vela), não sabemos nada de nada... Pergunta primeiro: é certo que a bactéria é aquela que eles dizem? Nem a nomenclaram. Nos alicerces de quanto é falso ou verdadeiro reside a sistemática. Ora a técnica de identificar é o que há de mais transitório e de falível. Não tem limites, coordenadas fixas, não se rege por nenhuma ética. As espécies dependem, dizem os especialistas, da sensibilidade de cada um... O único modo válido de classificar é estudando a biologia da reprodução. Se dois animais procriam bichinhos férteis, pertencem à mesma espécie. Se não, paciência, nada há a classificar. A sistemática é um obstáculo ao conhecimento da criação. Olha as aves, que agora querem que sejam dinossauros... Olha a antropologia: para uns há trinta e tal raças, para outros, graças a Deus!, não há nenhuma... Isso, que hoje dizem ser a bactéria Y, amanhã, para outros mais sensíveis, passa a ser o vírus 33. O que para estes é o vírus 33, pode para outros ser um híbrido, ou uma fase metamórfica (acende outra vela). Se isto acontece com homens, lagartos e rãs que, enfim, sempre são seres de certa grandeza vertebrada, imagina a confusão que não reinará na taxonomia das criaturas mais pequenas...

Tenebrário – Louvado seja o teu Nosso, tudo é criação! A ciência apropria-se dos relatos sagrados, atribuindo a essas bactérias o poder da ressurreição!... Oh, o *Homo pseudo-sapiens* é que aspira à imortalidade, tem é vergonha de confessar o medo da morte...

Lucy – Estás absolutamente certo do que dizes? Eu tenho é medo da vida, a vida é uma contínua exposição... Deita os olhos aí para baixo, para Angola... Levanta-os só para a Praia, em Santiago, onde oitenta corpos diários vão parar ao prado do repouso durante as grandes fomes... Repara na Europa, tão civilizada, quanto holocausto mesmo agora... (Acende outra vela). Será preciso ainda mais sacrifício? Ó anjo da guarda, tem piedade de nós!

Coro – Tem piedade de nós!

Lucy – Só me pergunto como é possível. Sim, como é que se faz? Com que energia se ressuscita?

Coro – *Ex Deo nascimur, in Jesu morimur, per Spiritum reviviscimus.*

Tenebrário – Ressuscitamos com a energia do espírito.

Lucy – Olha, pousou ali uma pomba, naquele mastro... Se não for a *Columba livia*, só pode ser a *Streptopelia turtur*... E não, nem uma nem outra, que engraçado... A *decaocto* também não... Mas que espécie será aquela?! É desconhecida da ciência, com toda a certeza... Olha, olha, agora pousou outra... (Acende outra vela). Deve ser um casal, e de uma boa espécie, não há dúvida nenhuma... (Fica especada, a olhar; o que ela vê é invisível).

Tenebrário – *Bird watchers*, até nas trevas identificam à légua os passarinhos... Pelo seu Nosso!, não será a *Sylvia atricapilla*, mais conhecida por toutinegra? Eh!, Lucy! Largas as amarras ou não?

Lucy – Calma, pela Urraca! Falta gente, inda é preciso esperar pelo invisível...

Tenebrário – Credo!... Então a nave não tem horário de partida? Toca o sino, ou chega-te aí à amurada e dá um berro... Vá, chama-os, diz que temos pressa, eles que embarquem a criação...

Lucy (toca o sino, como se chamasse para a missa; depois vai até à amurada) – Ehhh!... Acorrei, ó passageiros, temos pressa de largar!...

Coro (cantado à maneira de corridinho)
Somos nós os companheiros,
Santiago nos vê bailar.
Temos fato peregrino,
para nos compostelar.
Água de Zemzem queremos,
para o coração abrir.
E a fogueira do futuro,
por cima dela deitar.
Somos nós os companheiros,
bailemos, sonho derviche.
Para este fogo apagar,
veio do céu Jibraíl.

Lucy (acende a última vela; elementos do Coro acendem a luz uns dos outros; só agora se vê bem o Coro) – Vem, invisível companheiro que já estás tão demorado!... Não ouve, eis que se arrisca a falta injustificada!

Coro – Eis que se arrisca a falta injustificada! Muito bem, apoiado!

Tenebrário – Se é invisível o passageiro, podes sem dar conta tê-lo já a teu lado...

Coro (declamado)

*Põe-te à escuta: tremula um signo moreno
ao acaso de dois versículos...
De Deus o braço comprido,
é uma custódia de aço...*

Lucy (cantado)
*Sylvia atricapilla,
Sylvia cantillans,
Sylvia hortensis,
Sylvia melanocephala,*
que ofertório ao toutinegro sagrado?

Lucy (falado) – Olha, Lucy, aproxima-se o invisível e vem dobrado sob o peso da criação...

Lucy (espreitando da amurada) – Esse que chega não é invisível. Nem a carga, aliás bem excessiva. Dizeis vós que é a sua criação?! Inclina a cabeça de *Phoenicopterus ruber roseus*, a ouvir-nos. Quando ergue os olhos, é um sobressalto de seda fria... Eis que entra na almadia novo peregrino, mas com todo o ar de se dirigir a Meca e a Medina...

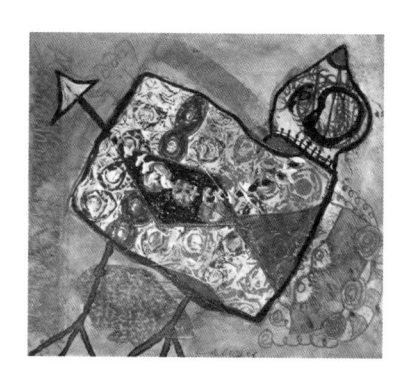

CENA 3

Surge um rapaz negro, com muitos cestos. É preciso ajudá-lo a metê-los no barco. Pendurado no ombro, traz um tapete, que estende no chão, orientando-o para o Oriente. De um cesto tira o Alcorão, que põe no altar.

Yoruba (sentando-se) – *Bissmillahi majriha wa mursáha inna rabbi lagafurur rahim* (Passa a mão pela tampa do cesto que guarda a seu lado, afagando). Que Allah vos abençoe, ó suave companhia! (Fala para o que está no balaio) Diz boa noite, Dangbé. (Do cesto sai um "Fuuu", um sopro de quem assoprasse brasas) Senhores, tende muito boa noite, sob o estonteante crescente lunar. É esta a piroga para a Expo Matéria Espiritual? Levo a minha criação para expor na galeria da África ocidental.

Lucy – Esta é a canoa, mercador... (Senta-se no tapete, face a Yoruba) Não te conheço de outrora, em o país de Noé? Não me é estranha a tua cara. De onde vens com esses balaios, cujo manso assoprar um fogareiro anuncia?

Yoruba – Eu sou o imã-tala Yoruba, do reino sagrado do Daomé.

Lucy – Sei muito bem, conheço perfeitamente. Em tempos esse reino foi protectorado português, ainda lá temos o Forte de S. João Baptista de Ajudá... Temos ou não temos? Creio que nunca chegámos a ter nada, só a fantasia... (Fica a pensar, e lembra-se) E o meu invisível companheiro, que já devia ter chegado, e para além de todas as marcas se demora? Pois é, quem pela tua terra andou foi o Francisco Newton. Dizem até as más-línguas que o único interesse de Portugal no reino do Benim eram as quineiras. As boas-línguas contam que a nossa presença era piedosa, urgia modificar os maus costumes dos indígenas.

Yoruba – Oh, paternalismo colonialista, pelo destino! Quem é esse Francisco Newton? Algum espião?

Lucy – Então, por Jeová!, não sabes? Era o filho do Isaac, aquele judeu do Porto, naturalista e espião também. Da família O'Kelly... Os O'Kelly fundaram em Lisboa a primeira loja maçónica, isto paredes-meias com a Igreja de S. Domingos. Aliás, o Reverendíssimo Charles O'Kelly era dominicano. Francisco O'Kelly Newton, para aí cento e cinquenta anos depois, andou por todas as colónias africanas portuguesas a apanhar os bichos de Bornéu que os maçons ingleses e italianos iam semeando, e a semear o que trazia de Timor, de Java e das Celebes... Custa muito conquistar a liberdade, às vezes é preciso recorrer a golpes de teatro e o teatro pode ser mais cruel do que a vida. Liberdade política, religiosa, fim da escravatura... Com estes homens, há também a liberdade científica, uma guerra aberta com a nova doutrina materialista. A ciência tinha-se arrogado o direito de ser sagrada, mais infalível que uma carabina. O que me lembra os reis, com aquela mania de oferecerem carabinas aos exploradores... Uma chatice, os exploradores até eram republicanos, depois ficavam sem saber como dizer "Obrigado". Só visto o espectáculo, Gray deu cabo de Bocage com a sementeira de bichos de Bornéu nas colónias africanas portuguesas, e para requinte de malvadez os bichos eram todos X – a grande incógnita, ou o fogo sagrado, não é? Híbridos, em linguagem corrente. Diabólico, Gray era diabólico... E era ele o director do British Museum!... Devia ser por causa da tuberculose. Ah, sim, os tuberculosos diz-se que têm sextos e sétimos sentidos, mais a terceira visão, e tal... Em miúdo, passava oito meses em casa e só o resto nos colégios. Por isso teve tempo para ler e meditar, todos os Gray da família eram alquimistas, escreveram farmacopeias e livros assim. O avô era mercador de sementes em Pall Mall, sabia tudo sobre aclimatação e transporte de espécies. O iate de Gray chamava-se Miranda. Aliás Gray mudava de nome para se fazer invisível quando andava a semear em Cabo Verde e nas Canárias osgas e lagartos, sem contar com rãs e escaravelhos, e o iate também mudava de nome para ele ser ainda mais invisível. Ora se chamava Garland, ora se chamava Miranda. Foi com o nome de Miranda que Gray andou nas ilhas de Hierro e Gomera com o Reverendo Lowe a semear lagartos pretos gigantes, e mais os respectivos fósseis, o que é uma fita de se lhe tirar o chapéu! O Barão do Castelo de Paiva metido também na conspiração. Miranda por sinal era o nome com que o duque de Lafões se fazia invisível quando andava pela Europa nas suas andanças de espião e chefe da maçonaria da futura Academia Real das Ciências de Lisboa. Todos amigos, mesmo entre cova e berço, numa eterna correia de transmissão. Foi assim que Gray deu cabo da sistemática e da zoogeografia, ele embirrava supremamente com os lineanos e ainda mais com as teorias de Wallace, porque Wallace não sabia nada de transportes de espécies nem de jardins de aclimatação... Sem falar de Darwin, foi com Darwin que começou o materialismo científico. A ciência tirou os homens do Jardim das Delícias, pôs lá tuataras e mais não sei quê... Nunca mais os iguanóides saíam dali para o homem ter direito a sentar-se um bocado debaixo da Árvore da Vida a gozar a Criação. Gray foi aos arames por se ter expulso o homem da Criação, para mais sendo ele um criador. Ficou pior que uma víbora, mais mortífero que a *Naja haje*, e eu compreendo. Por isso pegou nos iguanóides do Paraíso terreal da zoogeografia e andou a espalhá-los por aí. Oh! Quanta criação! Gray é um príncipe. Pior que Maquiavel. Fulíssimo, até espumava sangue de drago e não era por causa da tuberculose. O darwinismo é demasiado dogmático para a maçonaria, inimiga de tudo o que cheire a dogma e a infalibilidades. Pensar que Gray vai limpar o sarampo à filogenia!... Que alívio, que satisfação, que felicidade!... Passa-se isto a partir de meados do séc. XIX e ainda há-de ter consequências depois do ano 3333. Newton coleccionou bichos de Bornéu, Índia, Macau e Timor em Cabo Verde, Guiné, ilhas do Golfo, Daomé, Guiné-Bissau e Angola. Não imaginais o que o desgraçado passou no Benim, queria apanhar animais verdadeiramente africanos e retintamente carbonários para o Museu de Lisboa, não lho consentiram, eram todos sagrados... Que fosse a Cabo Verde apanhar a osga *borneensis*, a cotovia *javanica* etc... O que eu aliás acho muito bem...

Tenebrário – Se os animais são sagrados, então também as árvores são sagradas, a arte é sagrada, os livros são sagrados, e caímos obviamente nessa idiossincrasia holística de dizer como Georges Bataille – acho que sim, que a tirada é dele – que o... que o olho do..., perdão!, que também isso é sagrado. Ora é evidente que livro sagrado há só um...

Yoruba – *Bissmilahir Rhamanir Rahim!*, eu perfilho a mesma opinião. Há só um livro sagrado, o sagrado Alcorão. Independentemente disso, concordo com a Lucy: os animais também são. E toda a arte é sacra, desde que seja caligráfica...

Coro – *Mactub!* Tudo é a mesma criação! *Mactub!* Tudo é a mesma criação! *Mactub!* Tudo é a mesma criação!

Tenebrário – Mas o que têm de sagrado uns arabescos, explica lá? *Cali* significa belo... É por ser bela que a caligrafia é sagrada?

Yoruba – Pelo Sublime, não são arabescos! É a língua litúrgica, a da Revelação! É a Palavra de Deus que tu manuscreves, é a beleza da divina Criação que tu repetes, e quando repetes estás a falar com Deus directamente...

Tenebrário – Pelo seu Nosso!

Lucy – Pelo Tarejo, a língua é uma teofania! Já assim é desde os hieroglifos... As rubricas do *Livro dos Mortos* do Egipto, não é verdade? De resto, hieroglifo significa sinal sagrado... As rubricas, ordens litúrgicas, eram desenhadas a vermelho e consignam a primeira Lei escrita!

Yoruba – Oh, Lucy, francamente!... Mas o que é isso do *Livro dos Mortos?!* E mesmo a Bíblia?! Livros escritos por humanos! O Alcorão é uma obra divina, quem nele fala é Deus através do seu mensageiro! Foi assim desde que Jibraíl... Jibraíl, o Espírito Santo, o arcanjo Gabriel...

Tenebrário – Credo!...

Yoruba – Al-Hamdo!, por sinal Jibraíl é o nome deste navio... Foi assim desde que Jibraíl mostrou a Muhammad (Abençoado seja o seu nome!) um pano coberto de caracteres e lhe disse: "Lê!" E Muhammad (Que Deus o cubra de glória!) gemeu: "Não sei ler!" E Jibraíl insistiu: "Lê, em nome de Deus!" E Muhammad (Que Deus o sacie com a água do Jardim do Éden!) leu, e essa foi a primeira revelação! Subhanallah, é a sura que diz ter sido o homem criado a partir de um coágulo de sangue! (Mostra o saquinho do colar): Isto é um guarda-de-corpo, podia ter dentro um versículo do sagrado Livro ou o nome do Profeta, mas eu escolhi o de Deus... É só uma tira de couro com o nome Allah escrito em árabe clássico, a língua da manifestação divina, mas por isso mesmo é a verdadeira e única arte sacra... Ando sempre com ela junto do coração, para me iluminar e guardar dos perigos... O coração é a chave que abre todas as portas...

Lucy – É, concordo. Concordo que o coração é a chave, mas as portas que abre dão para o Inferno...

Tenebrário – Pelo nosso Nosso!, que exagero! À única arte sacra verdadeira pertenço eu, que sou um objecto de culto, participo uma vez por ano nas cerimónias da Paixão! À parte isso, só a Bíblia é livro sagrado.

Coro – *Mactub!* Tudo é a mesma criação! *Mactub!* Tudo é a mesma criação! *Mactub!* Tudo é a mesma criação!

Yoruba – *Bissmillahir Rahmanir Rahim!*, era o que mais faltava! Na última djihad...

Lucy – Alto aí, pelo Tarejo e pela Urraca! Nem mais uma palavra! Acabou a conversa sobre o que é sagrado, ou daqui a nada temos uma guerra santa ou de novo a Inquisição...

Coro (baixinho) – Ch....

Lucy – Se o Invisível já tivesse chegado, estas tristes cenas não ocorriam. Onde se terá ele metido, que diabo? Bem, para rematar os desaires de Francisco Newton no Daomé: um dia em que estava só a apontar a caçadeira a um abutre, um eunuco do rei teve a audácia de o repreender em público! Até o *Neophron percnopterus* era sagrado!...

Coro (música africana, com tambor) – *Allahu Akbar! Aleluia! Aleluia!* Oh, que beleza, que beleza, a pitonisa virá! De ouro anelada, entre palhinhas, o pitoniso virá! Oh, que beleza, que beleza é a noite, para ser exposta à luz! Para ser exposta num prato, como iguaria dos deuses, ó noite que és tão gostosa, quando te petisco um bocado!

Tenebrário – Desculpa que te diga, imã-tala, mas o teu reino sagrado do Daomé tem péssima reputação!

Yoruba – Não, pelas barbas do Profeta, espero que não acrediteis em tudo o que ouvis contar, isso são costumes de outras eras!

Tenebrário – Pois... Nunca ouvi assoprar brasas sem ver um pouco de fumo... Mas está bem, vamos admitir que o teu país mudou, que já não existem sacrifícios humanos... Diz, nesses balaios todos, em que se sentem rumores, o que transportas?

Yoruba – Oh, nada de interdito, pelo Indulgente e Amabilíssimo! Só a minha criação para exibir na Expo Matéria Espiritual: osgas, lagartos, cobras, tartarugas, plantas medicinais... Enfim, o que se distribuía ao longo da rota das plantas e dos animais. Quanto ao que no ouro dos próprios anéis se afaga, acomodando-se no saber de uma longa viagem, é Dangbé, a piton sagrada.

Lucy – Muito bem, gosto disso. Gosto de animais domésticos. Também tenho cágados em casa, mas não são para fins medicinais. Comprei-os eram duas criazinhas, na intenção de estudar por elas o comportamento alimentar da tartaruga-lira de Vandelli, mas uma pessoa mal imagina a responsabilidade com que tem de arcar, quando mete em casa desconhecidos. Os meus hábitos alimentares tiveram de mudar...

Yoruba – Comes comida de tartaruga? Por Muhammad (Que a paz e as bênçãos de Allah estejam com ele!), de que te queixas?

Lucy – Da despesa... Marisco uma ou duas vezes por semana, sim, porque não posso ir ao mercado e pedir: Por favor, queria dois camarões... Não saio para lado nenhum sem ficar raladíssima, e depois dão-me cá umas saudades... Não é ridículo? A matulona é a Urraca, e Tarejo é a testuda mais pequenita. Pobrezito, andei dois meses a tratá-lo de uma conjuntivite... Quinze dias passou completamente cego, sem poder descolar as três pálpebras. Para não apanhar frio, quando ficava fora do aquário até o colírio fazer efeito, tinha de andar com ele ao colo, mesmo juntinho ao peito. Adormecia logo, o pequenino... Agora para conseguir que comesse alguma coisa, era um inferno! Fazia-me birras, fugia da comida, ameaçava-me – Fuuu!, soprava o criaturinho... Dava-lhe banhos de leite morno, a ver se ao menos o bebia... Num dia em que já não aguentava mais, fui pedir socorro ao veterinário...

Yoruba – E o que é que ele disse, ó soberana da formosura?

Lucy – Ficou a olhar para mim com ar espectral, depois confessou, envergonhado: "Lamento muito, mas de tartarugas não percebo nada..." O que eu me afeiçoei ao Tarejo! Já nem ligava nada à Urraca, essa nunca teve falta de apetite nem problemas de salvação, cresceu para aí dez vezes mais que o Tarejo. A Urraca?! A Urraca já quase nem cabe no aquário. Agora o Tarejo, tão criancinho, tão indefeso... Ah, sim, já está bom, muito obrigada... (Fala com Yoruba). E a Dangbé? Não a queres apresentar?

Yoruba – Lucy, minha ladina lâmpada, devo dizer que Dangbé é deus-macho, deixou em Ajudá duas esposas mulheres...

Tenebrário – Eu não dizia, eu não dizia?! Esse sagrado reino do Daomé tem péssima reputação! É que não é só a antropofagia, é ainda o pavoroso culto da serpente!... Se vos contar que num país onde se idolatra a *Python sebae*, tal espécie nem existe oficialmente para a Zoologia!... Nunca a vi citada para o Benim em nenhum catálogo! Os cientistas até têm medo de andar nesse tal reino sagrado!

Yoruba – Pelo Senhor do Trono glorioso, ó Ilustríssimo e Reverendíssimo Tenebrário! A captura é interdita no Benim, só por isso a espécie não é para ali chamada. E isso que interessa? É citada para todos os outros países, e além disso nenhum animal é mais viajado... Sabeis qual é a terra típica da *Python sebae*? Sabeis onde foi capturado o animal a partir do qual Gmelin fez a descrição da espécie?

Tenebrário – Bah, algures, a sul do Egipto... Só a Norte ela não aparece, de resto é uma espécie africana de larguíssima distribuição...

Yoruba – A terra típica da *Python sebae* é a América... Outra, sua sinónima, foi descrita a partir de um espécime do Cairo...

Lucy – Oh, pelo Tarejo! Isso são gralhas, nitidamente.

Yoruba – Ó meu sândalo inebriante, que gralhas?! Erro nenhum, tudo certíssimo! Foram os escravos do sagrado reino do Daomé que a aclimataram nas Antilhas para os ritos vodu, foram os meus antepassados que a levaram pela rota dos animais para o Egipto e para a América!

Lucy – Um amigo meu do Ceará, o Flor, diz que das Antilhas a jibóia-vodu foi levada para a Galiza, para as margens do Caminho de Santiago. Claro, a Via Láctea, outra serpente, como o Nilo. Até na Europa existe a *Python sebae*... Depois de tanta introdução e transporte, querem que eu aceite como verosímeis resultados de estudos de Zoologia realizados segundo métodos evolucionistas, que partem sempre do princípio de que os bichos que estão no sítio A são indígenas do sítio A... Ah, diz, Yoruba: por acaso a serpente a que o Povo do Livro atribui poderes maléficos não é Dangbé, a piton sagrada? A serpente da Bíblia e do Alcorão, o Demónio...

Tenebrário (pontapeia o balaio, encolerizado) – Tolice!

Yoruba (não ouviu bem a palavra) – Iblis?!... Iblis é Lúcifer, achas que Dangbé é Iblis? Oh, não, gracioso Tenebrário!... A piton é um animal inofensivo...

Lucy – Há para aí quatro mil anos, o Saara começou a desertificar. Os povos do sul tiveram de abandonar o seu chão e dirigir-se para onde havia água, a Grande Serpente do Nilo... Nas suas margens construíram uma das mais fabulosas civilizações! Os primeiros faraós eram negros, foram os negros que levaram os deuses animais para o Egipto. Depois as religiões monoteístas acabaram com a idolatria mas conservaram lembrança dos ídolos, transformando-os em demónios. O cristianismo foi beber muita coisa à religião egípcia... A confissão, a comunhão, a ressurreição de Jesus... Jesus, vocês chamam-lhe Iça...

Yoruba – Oh, Lucy! Ressurreição dos mortos, sim, no Dia do Julgamento! Máliqui Yaumi'ddin! Agora ressurreição de Iça, não! Jesus não ressuscitou porque não morreu na cruz!

Tenebrário (dá outro pontapé ao balaio) – Por mim, mandava essa encomenda para a fogueira! Jesus não morreu na cruz?! Esse homem é um herege, onde é que eu deixei os fósforos? (Procura inutilmente no altar)

Yoruba (levanta-se, ergue um punhal) – Ó Profeta, o infiel incita-me ao combate! Iça, um dos nossos profetas mais queridos, não morreu na cruz, Jibraíl levou-o para o céu! Quem morreu em seu lugar foi Judas! Deus castigou Judas dando-lhe o semblante e a voz de Jesus; quando foram buscar Jesus para o crucificar, ele já estava no Jardim do Éden! Quem foi crucificado foi o traidor! E vocês puseram Judas no altar, e fizeram dele um ídolo, e de Iça fizeram filho de Deus, quando Deus é único, insubstancial e absoluta transcendência, não foi gerado nem gerou, portanto não tem filhos! Os cristãos, com a Trindade e a carradinha de santos que adoram, não só são politeístas como mais idolátricos do que o povo do Benim! E depois queixam-se de que a arte deixou de ser religiosa e de que Deus morreu! *Al-hamdo Li-lháhi!* Deus está bem vivo no islamismo! Oh, sinceramente! Eu só levo Dangbé à Exposição, nada mais! Quanto ao resto, *Allahu Akbar!*, não há deus a não ser um Deus único e Muhammad é o seu Profeta! *Bissmillahir*, o Alcorão respeita a Tora, o Livro dos Salmos e o Evangelho, agora o Reverendíssimo não aceita Palavra que não seja a sua!

Tenebrário (agitado, procura nos bolsos) – Pelo nosso Nosso, eles estão todos contra mim! Mas onde é que eu pus os fósforos?

Lucy – Pela Urraca! Vamos por partes, meninos! Aqui, quem manda sou eu. Se vocês não se comportam como deve ser, mando-vos pela borda fora... Nem fogueira nem punhal, é agüínha mesmo!... Benditas sejam as religiões secretas, irreveladas e analfabetas!... Porque é que vocês não se entendem, hem? Finalmente, a maior diferença entre cristianismo e islamismo nem é a questão do Deus único, sim o clero. Esse clero sem corpo real, plantado entre Deus e os crentes, a falar de um amor absurdo, impraticável, clero que no Islão não existe!

Coro – *Allahu Akbar!* Só há uma Criação! Aleluia! Aleluia! Só há uma Criação!

Tenebrário – Agora, sim, acertaste... A Igreja não sabe o que é o corpo, e ainda menos o que é o amor... O nosso corpo é só palavra, representação...

Yoruba – Só teatro, só fita... Oh, minha delícia, a abelha depositou mel na tua língua... Eu posso dar-te todo o amor que tu quiseres...

Tenebrário – Fico para ver...

Lucy – Muslims!... Encantadores de serpentes é o que vocês são!

Yoruba – O meu coração é a minha língua e a minha língua é o meu coração...

Tenebrário – Deita-a de fora, quero ver...

Lucy – O que me intriga, Yoruba, é nem sequer imaginar o que acontece entre as mulheres e a piton, durante os esponsais...

Yoruba (sorrindo) – Virgens, têm de ser virgens... E filhos de homem que venham a ter são para todos os efeitos filhos de Dangbé, a piton sagrada...

Lucy – Nossa Senhora!... É que não consigo conceber, a imaginação não chega lá... E ainda hoje são virgens, tens a certeza de que os costumes não progrediram nada? Ora mostra, abre-me aí esse balaio, preciso de ver para crer...

CENA 4

Yoruba tira Dangbé, a jibóia, do balaio.

Lucy – Boa espécie, animal lindo de morrer, lá isso é verdade... Olá, Dangbé, como tens passado?

Dangbé – E a besta que eu vi era semelhante a um leopardo... Há por aqui alguém que se queira instruir? E o dragão deu-lhe uma grande força e um grande poder... Iblis, Iblis...

Lucy – Curioso, esta criatura fala por oráculos... Falas ou não falas, Dangbé? Se assim é, diz para onde vai a nau Gabriel...

Dangbé – Recorda: a Igreja não exige talento e reclama apenas obediência bovina, submissão ao estilo. Em nome de um verbo esclerosado, mandou acender as fogueiras... Há por aqui alguém que se queira instruir?

Lucy – Se eu conseguisse funcionar nesse comprimento de onda para inteligir o que tu dizes! Se conseguisse, recordava-me e instruía-me...

Tenebrário – Deixa-a falar e aponta aí num papel, depois pedimos ajuda a um semiólogo... (Lucy vai buscar um caderno e aponta). Diz, Dangbé, qual o destino da barca?

Dangbé – *Phoenicopterus ruber roseus*... Há por aqui alguém que se queira instruir? Para ressuscitar, a Igreja tem de arder na flama do amor humano... De outro modo, é o frio museu de cera da idolatria... Há por aqui alguém que se queira instruir?

Lucy – Dangbé... Dangbé, meu docinho... Deixa lá a Igreja embalsamada e concentra-te: para onde vai a nau Gabriel?

Dangbé – O diálogo põe-nos em presença de um terceiro que é a Verdade. Pode ser invisível, mas está a olhar para nós... Há por aqui alguém que se queira instruir?

Yoruba – Dangbé, não me encavaques... Estes senhores são todos instruídos!... Pelo Destino!, diz: para onde vai a nau Jibraíl?

Dangbé – Há por aqui alguém que se queira instruir? O que funda o homem não é a desconfiança do *Homo homini lupus*, sim o amor, a sensibilidade à voz do coração. Há por aqui alguém que se queira instruir?

Lucy – Como posso eu instruir-me, se não entendo nada? Com oráculo ou sem oráculo, estamos com sérios problemas de comunicação... (Afaga a cobra) Por favor, docinho, só te peço que me digas para onde vai a barca... Não vês que, sem destino, a viagem não tem sentido?

Dangbé – Porque a fé passa pelo corpo, é preciso tocar... Não são os crentes que na missa têm de se beijar em sinal de hospitalidade... Os padres é que precisam de recuperar o perdido corpo e oferecê-lo aos fiéis em comunhão. Há por aqui alguém que se queira instruir? Não foram as jóias do Vaticano nem o Tribunal do Santo Ofício que levaram à desertificação da Igreja romana, sim a sua impotência para traduzir. O discurso religioso tornou-se estranho ao nosso corpo e à nossa linguagem...

Tenebrário – Nota-se... Uma pergunta tão simples, tão objectiva, e a criatura não consegue atinar com a resposta! Ela não ouve, não está aqui... Desce ao corpo da nossa fala: qual o destino da barca?

Dangbé – Participa da Vida Eterna comungando o amor consagrado... O meu Pão de comungar será feito de Trigo branco, a minha Bebida de comungar será feita de Trigo vermelho... Há por aqui alguém que se queira instruir? Não confundas prazer com felicidade, não reduzas à chama de um fósforo sentimentos cuja beleza não se apaga no orgasmo.

Yoruba – Ela não costuma portar-se mal, é uma *Boa hyeroglyphica*, Bissmilahir! Nunca a vi tão alucinada, deve haver qualquer presença por aqui que lhe deu volta à cabeça... Se calhar é das velas... Por amor de Allah, diz: para onde vai a piroga?

Dangbé – Deus manifesta-se na comunhão humana. A Igreja tem de sair dos seus limites, abrir a porta ao amor...

Há por aqui alguém que se queira instruir? Exigir castidade aos sacerdotes é idolatrar o pénis. Exigir castidade aos sacerdotes é insultar a Criação.

Lucy – Oh, mas quem lhe terá encomendado o sermão?! Pela última vez, ou perco a paciência: qual o destino da barca?

Dangbé – O meu canto espraia-se em canais de lápis-lazúli. Avanço: eis que a luz se torna ofuscante! Eu adoro as silenciosas divindades ocultas nas Trevas. Apoio e levanto os que choram, com o rosto entre as mãos, mergulhados no desespero... Olhai, escutei os vossos lamentos! Abro o Caminho da Luz. Eu sou a que expulsa as Trevas...

Tenebrário – Oxalá, oxalá!... Mas não podes ser só um pouco mais clara?

Dangbé – *Eli, Eli, lamma sabacthani?*

Coro – Hiiiiiiiiiii!... Ouvis? Que rumor vem galgando os degraus do Atlântico? É um frio zumbir de abelha, é onça preparada para o salto... Heeei! Auuuu! Quem vem lá? Heeei! Auuuu! Quem vem lá? É pantera em posição de salto, é mel de alquímica abelha... Que sussurro vem dobrando as colmeias da Atlântida? Heeei! Auuu! Quem vem lá?

Lucy – *Eli, Eli, lamma sabacthani?* Até estou arrepiada, será o invisível passageiro? *Eli, Eli, lamma sabacthani?*

CENA 5

Aproxima-se Sylvia, a toutinegra. Traz uma taça na mão, um baú na outra, do qual tirará aquilo de que for precisando. Na cena está um banco comprido, de tampa.

Sylvia – A paz das amoras seja convosco.

Todos – E contigo também...

Lucy – És tu o invisível companheiro? Não te reconheço. Acaso mandaste pôr o nome na lista de passageiros?

Sylvia (abre o baú, tira plantas que desfaz na taça, deita-lhe água) – *Sylvia atricapilla* é a minha graça. Ou apenas toutinegra, em vernáculo. Ouvi gemidos de quem tinha sede, eis que vos trago a água. Ou preferis uma groselha? Também posso transmutá-la em capilé... Sim, porque há só uma criação... (Põe a mão aberta sobre a taça): O Céu está aberto, a Terra está aberta, o Oceano está aberto, o Oriente está aberto, as Portas estão abertas de par em par...

Lucy – Aceito o copo de água, pois a minha boca é fornalha em que lagarto verde se reduz a afrodisíacos pós. Que angústia, aguardo o invisível companheiro, exaspera-me tanta distância... Que nervos, ui! Até faz doer o peito. Disseste que te chamas *Sylvia* como a toutinegra que passa?

Sylvia (dá de beber a Lucy) – A Natureza cura todos os males, incluindo esse, não te rales... Estás muito transtornada, preparei-te uma tisana de *Atropa mandragora* para sossegares. Não queres contar uma história, enquanto aguardamos o invisível passageiro?

Lucy – Oh, uma história! E uma história de amor, quem me dera! Mas tenho soltos os fios da meada, deixei de saber contar a vida, só com lágrimas vou colando os estilhaços ao espelho dos politécnicos e dos polilogos. O teu chá amainou-me, sinto-me jardim botânico em sétima colina agora. Que disseste que era? (Levanta a tampa do banco e deita-se nele ao comprido)

Sylvia – *Atropa mandragora*, vulgarmente conhecida por ginseng. Vis: narcótica. Segundo uma receita secreta de Domingos Vandelli.

Lucy – É... Mas que boa criação... Sinto-me, como direi? Arrebatada numa visão de smaragdínea castidade. Vandelli também era um alquimista? Entende de drogas e poções mágicas. Conheço-o mais por causa da lira, a tartaruga-lira de Vandelli... (Lucy fecha os olhos e descansa a mão direita sobre o coração)

Sylvia – Vandelli é um venerável mestre. Foi o primeiro professor de História Natural e Química em Portugal.

Quando o Marquês de Pombal reformou a Universidade e incluiu as ciências naturais nas matérias curriculares. Queres saber de águas termais? Pergunta a Vandelli. Cerâmica, pesca e fábricas baleeiras, vulcões? É com ele. Aeróstatos? Ensinou os alunos a fabricá-los. Como se prepara um animal para ficar incorruptível? É com Vandelli. Desenho biológico? Tens a Casa do Risco, no Real Jardim Botânico da Ajuda, dirigido por Vandelli. Minas de ouro, diamantes, cobre, prata, ferro, enxofre, mercúrio, fósforo, decomposição da água para lhe subtrair o hidrogénio? É com Vandelli. Como se dá mais força à pólvora, como se reproduzem as lombrigas, a ténia, interessa-te? Vandelli responde. Teratologia? Vandelli sabia. Anatomia humana? Refutou a sensibilidade halleriana. Como se protege a produção nacional da concorrência europeia, numa época em que os fisiocratas sonhavam com a CEE? Pergunta ao economista Domingos Vandelli. Dói-te a barriga? Consulta o Vandelli. Trabalham mal os faróis, o fumo é tanto que se não vê a luz? Vandelli arranjou novo combustível. Queres um corajoso naturalista que tenha peregrinado até aos Alpes? Vandelli... E o Brasil?

Lucy (com voz arrastada de sono) – Não fazia ideia... Porque é que isso não é do domínio público? Esse homem sabia de tudo! Hoje, quando pergunto alguma coisa, dizem-me que disso não percebem nada!... Só há especialistas, eu nunca tive nenhum problema especial, só os universais...

Sylvia – Vandelli foi sacrificado no altar da política... E há mais, mas não vos quero maçar com uma exposição muito comprida. Fiquemos só com a Filosofia Natural, e já é o suficiente para imaginar que conhecimentos tinha ele para agarrar a Natureza em toda a sua diversidade. Não se pode fazer a história da ciência em Portugal sem falar de Vandelli. Vandelli era parecido com Gray... As coisas que eles criaram!

Yoruba – Eu cá sei parte, ó filha do jasmim do Éden! A minha família tinha contactos com Vandelli, por causa da rota da prata, do ouro, da seda, das tintas, das plantas e dos animais. Essas espécies que transitavam entre Europa, Ásia, África e América. Sobretudo a tintura.

Tenebrário – Pois... Um homem assim mete os especialistas de línguas de gato num chinelo! Não admira que o tenham sacrificado, saber muito incomoda...

Yoruba – Ele não conhecia outras plantas medicinais?

Sylvia (vai ao baú buscar os *Florae*; lerá de vez em quando; de outras, sabe de cor o nome das plantas e suas virtudes) – Deixa ver o que vem nos *Florae lusitanicae et brasiliensis specimen*... Temos a *Vellozia*, dedicada ao Padre Joaquim Veloso de Miranda, que a apanhou no Brasil. E a *Correia*, oferecida ao Abade Correia da Serra, coligida também por Veloso em Minas Gerais. A *Urceola*, para o penteador das damas. Numa carta a Barbacena, Vandelli diz que lhe manda uma amostra, decerto para a comadre. Ah, quando tiverdes lombrigas, bebei todas as manhãs, em jejum, uma infusão de *Spigelia anthelmia*. Houve uma vez em que Lineu sugeriu a Vandelli que preparasse com ela grande cópia de produto, para vender em toda a Europa, já que facilmente a obteria do Brasil, onde a planta é espontânea, faria uma fortuna com isso. Imaginai, na Suécia, cada dose da erva chegava a um ducado!

Yoruba – *Bissmilahir Rhamanir Rahim*! Tão caro?! Extraordinário! Ó toutinegrinha, conheces mais?

Sylvia – Ainda mais? São tantas, tantas... O café, *Coffea occidentalis*, é para quem sofre de doenças venéreas. *Hyoscyamus niger*, de vis fantástica, é alucinogénea.

Coro – Não precisamos. Somos *quantum satis*. Não precisamos.

Sylvia – O fumo de *Nicotiana tabaccum* aplica-se em clisteres, dá a volta logo aos intestinos, alivia-te da boca ao ânus...

Tenebrário – E era assim que devia ser sempre fumado...

Sylvia – Ah-ah!, mas antes, Tenebrário, tens de massajar bem o abdómen com azeite casado com vinagre... *Solanum lycoperficum*, bem, isto são os tomates...

Yoruba – Pensei que fosse a batata... E *Solanum* não é nome de pessoa? Bendito seja o nome de Allah, lembra-me alguém...

Sylvia – Também, também... Lembra o Solano Constâncio, claro!, que era um naturalista amigo de Joseph Banks...

O género *Solanum* foi descrito por Banks, um rosacrúcio que participou na primeira viagem de circum-navegação empreendida pelo capitão Cook. Foi presidente da Royal Society of London. Banks herborizou no Brasil e outros sítios da América do Sul, trocou com Vandelli muitas gravuras e espécies. O género *Pittosporum*, da ordem Rosales, também é dele.

Lucy (levanta-se, estonteada, e desce do banco) – *Pittosporum* Banks é o incenso! Que excelente ideia, eu vou buscar...

Yoruba – Trazes lume no bico, ó iluminada avezinha! Tudo o que dizes é a pura verdade! Joseph Banks salvou Domingos Vandelli das masmorras da ilha Terceira, quando para ali o desterraram, depois das invasões francesas. Isto sei-o de histórias de família, porque um dos meus antepassados levou plantas e lagartos para os Açores, quando ele esteve lá.

Sylvia – A *Vitis vinifera* é a planta do vinho, *hujus vis est euphorica* como já sabiam as bacantes...

Coro – Tudo é a mesma criação! Evoé! Evoé!

Lucy (incensa o livro com o turíbulo) – Como num rol de nomes esquisitos há tanta história e tanta farmácia!...

Sylvia – Era assim que os alquimistas estabeleciam contactos e confrarias e transmitiam uns aos outros mensagens secretas. *Galvania*, vê bem, é alusão a Manuel Galvão da

Silva, o da viagem filosófica a Goa e Moçambique. Houve quatro Expedições Régias no século XVIII. A Cabo Verde, Brasil, Angola, Moçambique e Goa. Organizadas por Vandelli. Quem devia ir ao Brasil era ele, por isso partiu de Pádua para Portugal. E foi, logo que chegou. Depois meteu-se na política, indústria, dava aulas em Coimbra. Mais tarde mandou também o compadre, o Alexandre Rodrigues Ferreira. Adorou ter conhecido a floresta virgem dos romances, cheia de bons selvagens...

Tenebrário – Pois... Os românticos, os *libertins d'esprit*... Considerados hereges na Universidade Reformada por Pombal! Rousseau, Voltaire, Diderot, o autor de *Paul et Virginie*, como é que ele se chama?

Lucy – Bernardin de Saint-Pierre. Mas o meu preferido é Montesquieu. O bom selvagem de Montesquieu é um persa, eu tenho um fraquinho pela Pérsia. Não conheço, mas ainda lá hei-de ir. Naquele tempo, a essa zona, que incluía o Líbano, a Terra Santa, a Arábia, o Egipto, Chipre, chamava-se o Levante. Muitos naturalistas por ali andaram, muitos publicaram viagens ao Levante. Era assim uma espécie de cruzadas científicas...

Sylvia – Cruzadas alquimistas, cruzadas alquimistas... Esqueces-te do mais importante, a Turquia, com a cidade dos rosacrúcios, Constantinopla, capital do Império Romano do Oriente...

Yoruba – Pelas barbas do Profeta, que queres ir fazer a uma Pérsia que já nem existe? Alguma peregrinação?

Lucy – Não é bem isso, não é bem isso... Falaram-me de uns lagartos gigantes dessa região que dá até ao Índico... Uns scincos afrodisíacos... (Incensa a cena)

Coro – (risinhos)

Sylvia – Bah, isso é *Lacerta scincoides* de Shaw... Shaw, que era teólogo e naturalista, também andou pelo oriente. Escreveu a *Viagem ao interior das terras do Levante e Berbéria*, lembro-me até da data, 1738, porque foi nesse livro que descreveu o teu lagarto afrodisíaco...

Coro – (risinhos)

Lucy – Não é nada do que pensais! Eu até me sinto um querubim depois de ter bebido aquela poção mágica! Mudo para o teu assunto, pronto!... As plantas de oficina ou de botica...

Sylvia – Sim, há muitas espécies *officinalis*, ou de farmácia. Se te interessa, comandante, a *Eryngium campestre* também é afrodisíaca, se bem que nada o seja mais do que a castidade... Digo-to eu, que não sou capaz de entrever um intangível ostensório raiar no sacrário da distância sem me apaixonar logo por ele. Os afrodisíacos eram usados para aumentar a fome de espírito, pondo o corpo à prova, até arder de desejo como pura flama. Algo equiparável aos cilícios. Se virmos bem, os nobres viajantes eram celibatários, casavam muito tarde. Mas na maior parte eram frades. E morriam muito, muito velhos.

Lucy – Vandelli morreu quase com noventa anos... E também casou muito tarde... O primeiro dos seus quatro filhos nasceu... Deixa cá ver... É, já ele ia nos 49...

Tenebrário – Que tomariam? Sangue de drago?

Lucy – O sangue de drago é usado hoje em dia para qualquer doença, incluindo a prevenção das imaginárias. Há uns frades em Lisboa que o preparam, ouviste falar?

Yoruba – Ó Lucy de lucífera formosura, não é o dragoeiro de Vandelli, é o aloés, uma babosa. Tem alcalóides, não se pode tomar assim, sem mais nem quê. Quem o prepara com mel de alquímica abelha são os irmãos de S. Francisco, o santo que era pedreiro e conhecia a linguagem das aves... Tem saído nos jornais do Daomé...

Lucy – Ah, é? Disso não percebo nada, disseram-me foi que esses frades são uns tontos...

Yoruba – Todos são...

Tenebrário – Olha quem fala...

Lucy – Mas deixa-me ver o livro, quero ler eu agora. Onde é que vais? (Sylvia aponta e vai-se sentar). Ora cá está... Ao visconde de Barbacena, secretário da Academia Real das Ciências, aquele que abafou a conjura do Tiradentes, dedicou o mestre português a *Barbacenia*, mais uma vez apanhada no Brasil pelo nosso bom padre Veloso.

Sylvia – É preciso dizer isso e repetir, porque ao nosso bom padre Veloso é censurada a vaidade de ter dado o seu próprio nome a uma planta, a *Vellozia*. Ora a *Vellozia* é de Vandelli. Parte do herbário de Veloso foi classificado por Vandelli.

Yoruba – Esse Tiradentes não é o da Inconfidência Mineira? Diz-se no Daomé que os naturalistas estiveram implicados na independência do Brasil. Antecipavam a retirada da corte, quando foi aquela história de Napoleão. Tinham vistas largas... Bem, eram liberais, os liberais de primeira geração suportavam mal a escravatura e o colonialismo. Sei disso porque os meus antepassados eram escravos. Depois de libertos levaram-nos para Freetown, mas mais tarde a família pôde regressar ao Daomé. Um parente meu, o Sousa, tornou-se um afro-brasileiro célebre, tinha um pomar de árvores exóticas conhecido no mundo inteiro. Al-Hamdo!, foi ele que ajudou os portugueses a tomarem o Daomé sob protectorado. O rei é que não gostou, meteu-o numa cuba de indigo para o castigar... E que foi feito de tanta espécie de Vandelli, ó silvestre passarinha?

Sylvia – Os liberais do século seguinte passaram-lhe uma borracha por cima. E só falo das plantas, reparai. Não quero entrar nos invertebrados marinhos, as holotúrias, bichos que tais. Para mim, isto é roubo de autoria.

Coro – Passaram-lhe uma borracha por cima! Passaram-lhe uma borracha por cima! E mais?

Lucy – Pela Urraca, ainda mais?! Há a *Reseda luteola* ou lírio dos tintureiros...

Tenebrário (incensando a cena) – A tintura é o objectivo da alquimia. Para não falar da cantaria, mas acho que nenhum dos naturalistas era pedreiro...

CENA 6

Preparativos para a ceia. Sylvia tira um pão do baú, Yoruba gira pela cena, tocando uma sineta. Também há tâmaras e outros frutos exóticos.

Tenebrário – Porque dizes isso, ó passarita?

Sylvia – Saber das borrachas passadas por cima. As memórias de Feijó foram atribuídas a Pusich, os desenhos de Donati foram publicados como sendo dum garoto qualquer, mal saído dos cueiros da Casa do Risco, o António José Martins, ou José António, tanto faz. Aliás, nem nunca vi escrito o apelido do rapaz, este Martins. É como se fosse o Leonardo, o Zeca Afonso, o Luís Vaz...

Lucy (parte o pão no altar) – Mas o Donati, da viagem filosófica a Angola, não morreu, mal desembarcou em Luanda?

Sylvia – Sim, mas eles não foram logo para Luanda, eles foram para Benguela, e ali ficaram dezanove dias. Nesses dezanove dias, o Ângelo Donati, que devia ser parente daquele Vitaliano Donati que também viajou pelo Levante e morreu num naufrágio, em pleno Mar Vermelho... O Vitaliano Donati, o autor da *História Natural do Adriático*... Bem, este Donati era conhecido de Lineu e Vandelli, eles falaram do seu trabalho e morte prematura... Da Arábia, ainda mandou sementes a Lineu.

Lucy – O Donati, agora me lembro! Tens razão, oh! Seus companheiros, lá para os lados de Meca e de Medina, foram o Roque e o Forskhal. O João Roque, do Real Jardim Botânico da Ajuda, era quem fornecia os barris de espírito de vinho para os naturalistas conservarem os animais que remetiam de África e do Brasil. Naqueles tempos eles coleccionavam todas as espécies, não era só as naturais...

Tenebrário – Pois, tudo a mesma exposição... As sagradas espécies... E as figuras também, como é de esperar...

Sylvia – Com certeza, meu anjo! Vandelli tinha arte egípcia, etrusca, diamantes de Bornéu e muitas moedas romanas para cambiar. *Cambiar* é o termo usado pelo Bispo de Beja, o célebre homem da cicatriz, Frei Manuel do Cenáculo. Cenáculo permutou com Vandelli medalhas e talismãs. Deve ter sido Vandelli quem mandou chamar o Ângelo Donati para colaborar com ele no Real Jardim Botânico da Ajuda.

Lucy – Vandelli era botânico real?

Sylvia – Pois era, viveu na corte de D. José e D. Maria I. Pertencia a uma ilustre família de eruditos de Modena. Já o avô, também chamado Domenico Vandelli, fora geógrafo régio, ao serviço particular de Francisco III.

Lucy – Por acaso conheço, hei-de ter lá dentro um mapa dele. Sabíeis que foi um dos melhores cartógrafos do seu tempo? Yoruba, não o queres ir buscar?

Sylvia – Sim, e o pai, Girolamo Vandelli, foi cirurgião célebre. Bem, para voltar ao Ângelo: este Donati fez colecções de insectos e outros produtos em Benguela. Foi o Luis de Pina quem o disse...

Tenebrário – Esse Luis de Pina não era aquele senhor muito simpático do cinema?

Lucy – Não, esse era o filho, ela está a falar do pai. Ao que consta, cheio de espírito... Agradecemos-Te, bom Deus, esta refeição. Não há deus, a não ser um Deus único, Yoruba... Aceitas comer à nossa mesa?

Yoruba (chega com o mapa enrolado, pousa-o no altar) – Por Allah, o Clemente sem Limites, há só um Deus e Muhammad é o seu Profeta, aos quais agradeço a refeição. Biçmillahhi wa ala barakatillah (aceita um prato com alimentos, oferecem-lhe um copo de vinho). Não, obrigado, vinho, não. (Vai-se sentar no tapete a comer, joelho direito encostado ao estômago)

No altar, Tenebrário e Sylvia comem e bebem. Durante a conversa, distribuem alimentos aos participantes do coro, que se aproximam um a um. O Tenebrário beija-os à chegada. Pouco depois, Yoruba também estará no altar. Beija o Tenebrário. Finalmente, já não haverá mais fruta para dar, Yoruba e

Tenebrário irão ao coro apenas com a finalidade de beijar as pessoas. Também beijam espectadores.

Sylvia – Luis de Pina fala dos desenhos feitos a bordo. Mal os naturalistas punham o pé no barco, começava a viagem filosófica, com o estudo da flora e fauna do mar alto. É por isso que no herbário brasiliense do Alexandre Rodrigues Ferreira há algas do Mar dos Sargaços. Sargaços, mais precisamente. Donati fala de desenhos, Joaquim José da Silva fala de desenhos, de desenhos fala o José António Martins. Muitos desenhos dos mesmos peixes todos fizeram na viagem para Angola! Mas nada, absolutamente nada foi ainda atribuído ao Donati. É uma tremenda injustiça, sobretudo se a sua morte não foi natural, como receio...

Tenebrário – Isso é ir longe demais! Sabes muito bem que os europeus morriam como *Turdus obscurus* Gmelin naquele tempo e sob aqueles climas. O que os companheiros dizem é que ele não quis tomar os remédios receitados pelo médico, por isso morreu de febre e diarreia vermelha.

Sylvia – Contagiado pelo vírus Ébola? Por Julius Evola, nem penses! Donati foi assassinado, de certezinha absoluta. Já ao Feijó, também o quiseram assassinar em Cabo Verde. Até o Francisco Newton diz que o quiseram envenenar nos Angolares, em São Tomé... Quem queria espiões nas colónias? Estavam à espera de Feijó em Cabo Verde para o matarem, como mataram o bispo Dom Frei Francisco de S. Simão, coitado! Mas Feijó e

Newton escaparam, Donati, não. E logo houve quem se aproveitasse do seu trabalho, apesar do aviso do capitão Álvaro Matoso: que mandava para Lisboa os desenhos e colecções do Donati, pois não queria que se roubasse essa glória a um homem, ainda que morto.

Coro – Bonito exemplo de deontologia científica! *Allahu Akbar*, há só uma exposição!

Sylvia – É justamente isso o que diz o Luis de Pina, pensando que o capitão não queria ficar com a glória para si mesmo. Mas outro sentido havia na mensagem... Há uma carta do Donati tão comprometedora para terceiros, e por isso tão desacautelada, que bem se pode dizer que estava mesmo a pedir que o crucificassem... Nessa carta, diz que vai mandar um relatório completo para Lisboa sobre o escândalo que fora a viagem... Sacrifício maior que a morte não se pode pedir a um homem...

Coro – Glória a Deus, tudo em honra de Nosso Senhor... Tudo é a mesma exposição, louvado seja o Nosso Senhor!

Sylvia – Nosso Senhor, o príncipe D. José, e morto este ficou D. João, que depois de voltar do Brasil foi assassinado... E também se diz que D. José foi assassinado por ter ligações com os maçons. É provável... Mas há mais, muito mais falsas autorias. Umas cartas secretas, por isso não assinadas, do Bispo de Beja, D. Frei Manuel do Cenáculo, foram consideradas cartas anónimas escritas por Vandelli, a vingar-se de umas patifarias de Brotero. Pelo contrário, desenhos, produtos naturais que andam pela

Europa, ditos provenientes das Expedições Régias, são de certeza de Vandelli, pois Vandelli esteve no Brasil e decerto com Donati, uns vinte anos antes das Expedições Régias!

Tenebrário – Olaré! Pois se ele tinha dois museus que depois foram comprados para a Universidade de Coimbra! Vinte e oito armários cheinhos de espécies! E até havia catálogo, pois ele sempre estudou os exemplares, não se limitava a coleccionar. Lembro-me bem, é o "Conspectus Musei Dominici Vandelli"! Três mil moedas romanas, ou mais! Ou mais! Que hoje estão na biblioteca da Universidade, eram das colecções de Vandelli!

Sylvia – Colecções pessoais, particulares, que tinha levado com ele de Pádua, caso de uns grandes lagartos...

Coro (Risinhos)

Sylvia – "Lagartos grandes" é o que está escrito, sim! E *Lacerta stincus* do Egipto. Podem muito bem ser os célebres lagartos de Cabo Verde, afins de uma tal *Mabuya*, que não é mais que um microcisco, a partir da qual se teriam evolutivamente agigantado... Diz-se que Feijó os descobriu em Cabo Verde e mandou quatro para Lisboa. Ora pelo menos em 1772, onze anos antes de partirem para o Brasil e África os filósofos naturais, já Vandelli tinha no seu museu scincos do Egipto e aves de S. Tomé e da Amazónia!

Sylvia – Vandelli, quando se associou à fábrica de porcelana de Gaia, foi fornecendo as suas receitas e segredos.

Tudo era secreto, as receitas dos remédios e venenos também. E reuniam-se para discutir política e ciência em sociedades secretas. A nomenclatura das plantas e animais também encerra significados secretos.

Yoruba – *Al-hamdo Li-láhi*! Com tanta Academia dos Ocultos, com tanto Colégio dos Invisíveis, Grande Oriente, criptónimos e afins, não admira nada que agora seja fácil misturar tudo.

Coro – Por exemplo, por exemplo?

Sylvia – Por exemplo, os taxa *Bragantia* e *Lafoensia*, homenagem a D. João Carlos de Bragança, duque de Lafões. O duque de Lafões era o presidente da Academia Real das Ciências... Aquele que na Guerra das Laranjas nos fez perder Olivença. Tinha oitenta e tal anos nessa altura, e morreu com quase cem. Casou só aos sessenta. Viajou pelo Levante, foi a Constantinopla, como o seu Pai, Christian Rosenkreuz...

Coro – *Phoenix reclinata, Phoenicopterus ruber roseus, Rosa alba, Rosa spinosissima, Rosa mística, Rosa-Cruz...* Viva a criação!

Sylvia – Vandelli conhecia o sogro do duque de Lafões, dedicou-lhe a *Marialva*. A *Mella*, tal como a *Pombalia ipecacuanha*, é homenagem a Sebastião José de Carvalho e Melo, que o chamou de Itália para colaborar na reconstrução de Lisboa, destruída no terramoto. Vandelli estudou as águas livres do Aqueduto e aformoseou a cidade com inúmeras árvores exóticas.

Tenebrário – Pois, ouvi contar. Credo! Parece que se excedeu na *Dracaena draco* e até o acusaram de introduzir em Lisboa uma epidemia de dragoeiros...

Yoruba – Ó Reverendíssimo, tudo é um *thesaurus* da *Magna Mater* farmacêutica, ou semiótica, ou pelo menos nutre, ou ornamenta, não é verdade? *Mactub*, é tudo a mesma exposição!

Sylvia – Como a *Arachis hypogaea*, mancarra ou mandubi, que tem fruto subterrâneo, e se come sob a denominação de alcagoita e amendoim. E a *Geoffroya spinosa*, que já me caía no olvido, homenagem a Geoffroy Saint-Hilaire!

Yoruba – Essa é demais! Não posso acreditar nos meus ouvidos! Pois esse que andou pelo Egipto a roubar obeliscos, e quis assaltar o Real Museu da Ajuda, sendo Vandelli director, esse era um amigo? Esse que causou a prisão de Vandelli era seu conhecido? *Subhanallah*! Não acredito.

Sylvia – *Orate*, frades! Eram todos irmãos, só falavam de *filia*, conheciam-se uns aos outros como fiéis do amor e palmas da mão. É como te digo. Por sinal, Geoffroy era naturalista insigne. Descreveu um scinco gigante do Egipto, *Anolis gigantesque*, afim de *Lacerta scincoides* de Shaw, do Levante, que depois transmutaram em endemismo de Cabo Verde, isto se os três não forem o mesmíssimo...

Yoruba – *Bissmilahir Rhamanir Rahim*! Tudo é a mesma exposição! Quer dizer que vais a Lisboa fazer uma conferência sobre esse lagarto?

Sylvia – Oh, não! Convidaram-me para reconstituir uma técnica de tinturaria...

Lucy – Giríssimo!... A urzela, o anil, a púrpura... Qual delas escolheste?

Sylvia – Numa exposição como a Expo Matéria Espiritual, e com toda a minha inclinação pelo Levante, é claro que só podia escolher a tintura universal...

Lucy – A tintura e ponto final. Óptima ideia! Sabes, por essas e por outras é que eu queria ir à Pérsia... O scinco gigante, dizem que é igualzinho a um outro que ainda existe nessa zona que dá até ao Índico...

Sylvia – Eu desconfio que esses bichos eram teratologias e foram inventados por Gray... Oh, um exemplar que foi para o Museu de Paris, levado por Geoffroy, gerou depois tanta curiosidade que não havia jardim zoológico que os não tivesse em exposição, devia ser um dos lagartos grandes que estavam ao pé do *Lacerta stincus* no Museu Domenico Vandelli, isto pelo menos em 1772, e isto se "grandes lagartos", *Lacerta scincus*, stincus, mais a *Tiliqua scincoides* da Austrália, não forem o mesmíssimo!

Coro – Tudo é só uma exposição! (Risinhos)

Yoruba – *Al-Hâmdo Li-Lláhi*! São os crocodilos terrestres, animais mágicos... Quem também andou pelo Egipto e descreveu *Lacertus Cyprius scincoides*, igual a *Lacerta scincoides*, foi Aldrovandi, no séc. XVI.

Sylvia – Estes nomes referem-se todos ao mesmo animal, cosmopolita, porque levado para todo o lado como as tartarugas terrestres e dulciaquícolas. Animais comestíveis... Ou como a *Python sebae*, que foi de África para a América e agora anda a peregrinar pelo Caminho de Santiago de Compostela... Isto para não dizer que no meu quintal, em lamego, há passarinhos africanos a nidificar, Bicos-de-lacre...

Lucy – Não não foi por serem comestíveis que os levaram, foi por as suas cinzas serem afrodisíacas...

Dangbé – *Mella legit furtim scincus, pellitá venenum, Pabula dat veneri luxuriosa fallax*, já lá dizia Ulisses Aldrovandi...

Tenebrário – E por isso se extinguiu, como o rinoceronte está em vias de extinção, por o seu corno também ser afrodisíaco, segundo consta. Que eu ignoro em absoluto, nunca experimentei... Credo! Nunca precisei de poções mágicas para me inflamar o desejo de espírito. Sou pobre, mais do que S. Francisco. Mas como é isso do Geoffroy Saint-Hilaire? Pelo teu Nosso! Disseste que Geoffroy levou do Museu da Ajuda um lagarto igual ao que ele tinha descrito quando integrou a comissão científica de Napoleão ao Egipto? Na altura em que Champollion descobriu a pedra roseta?

Sylvia – Levou, em Paris estriparam-no. Ossos para um lado, pele para outro, a sistematicazinha! Mas ah, Geoffroy!, isto tem pilhas de graça, seriamente! Sabeis porque é que Vandelli foi acusado de pactuar com o exército de Napoleão?

Lucy – Pela Urraca! Não faço a mais testuda ideia...

Sylvia – Altas horas, em certa noite de setembro de 1808, Geoffroy foi visto a sair da casa de Vandelli...

Tenebrário – Pois, tu o disseste há bocadinho: pertenciam todos à mesma confraria, andanças nocturnas são de suspeitar... Bem vejo, sociedades secretas, revoluções, conjuras...

Sylvia – Revoluções, sim; conjuras, não. Que conjuras, Reverendíssimo Tenebrário?! Geoffroy tinha ido jantar a casa de Vandelli porque era da família! Eles não eram só amigos, eles eram parentes! Geoffroy era primo da mulher de Vandelli, a D. Feliciana Izabella Bon!

Coro – Pelo terceiro anel de Saturno, como este mundo é pequeno! Quereis mais exposição ainda? Numa planta medicinal, cabe este mundo e o outro!

Lucy (lê os *Florae*) – *Allium*, diaforético... *Epidendrum vanilla*, a baunilha, cura a melancolia... E o invisível passageiro é quase madrugada e ainda não veio, que agonia! *Pinus pinea*, afrodisíaca... *Cannabis sativa*, tónica, narcótica, fantástica...

Yoruba – Atenção, Lucy, essa é a marijuana...

Coro – Não precisamos. Somos pobres *quantum satis*. Não precisamos.

Lucy – *Byssus flos aquae, Byssus phosphorea, Byssus candelaris et Byssus lactea super flumina semina disseminant*, ou sôbolos rios que vão, Jerusalém celeste acharás, descrita no papiro que estas plantas dão. Ó inferno! Quanto trabalho para os pós-lineanos lhe passarem uma borracha por cima!

Yoruba – Passaram-lhe uma borracha por cima porque a sistemática é ilusionista. Por Muhammad (Que Deus o cubra de glória!). Até em urdo, árabe e fula, temos de saber a nomenclatura em latim!

Tenebrário – Que tens contra a taxonomia, ó cavalheiro? As espécies precisam de ser classificadas, não é verdade? Em naturais e artificiais, puras e impuras, em sagradas e profanas, em humanas e divinas... Tudo tem de ter um nome. Como falar do céu, sem a palavra céu, como identificar a jibóia, sem a palavra *Python*, como referir a cobra-de-capelo, sem o nome *Coluber haje*?

Lucy – Receio que já nenhuma *Naja* se chame assim. Esse nome que disseste é um arcaismo. O conjunto dos nomes desusados vai para o caixote do lixo da sinonímia. Ou nem isso, perdem-se muitos, há muitos nomes que já não se sabe do que eram. Vão para o lixo com toda a história que têm dentro, caso da *Geoffroya*. Entre um primeiro nome e o mais recente, há buracos de conhecimento, perdas de memória. Da Filosofia Natural, amnésia cultural é o que hoje sobra...

Tenebrário – Pelo nosso Nosso! Não estás a exorbitar?

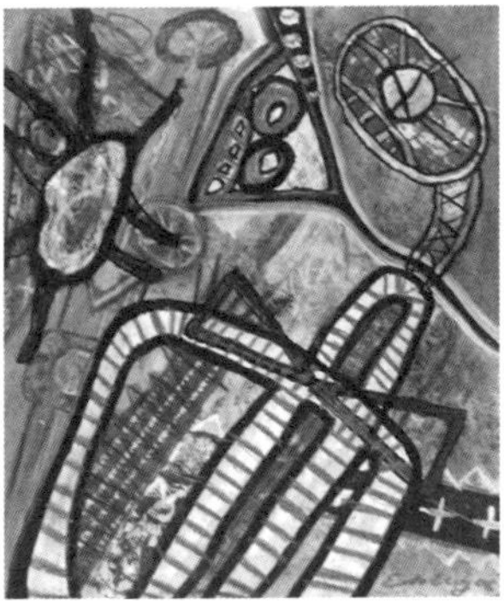

CENA 7

Ladainha da tartaruga-lira de Vandelli.

Lucy (vai para o altar) – Leitura da *Epistola de Holothurio et Testudine coriacea ad Celeberrimum Carolum Linnaeum*: *"Species autem diversa hujus Testudinis asservatur in Museo Instituti Scientiarum Bononiensis, quae anno 1756, capta fuit circa Neptunii oram, quam accolae Romam detulerunt, & Benedictus XIV, Pontifex Maximus eam magno emptam Bononiam importari dono jussit, de qua Celeberrimum Franciscus Zanottus aliquid loquitor, ejusque Testudinis figura est in commentariis Historiae Litterariae Venetiarum. Haec omnia autem ita a me descripta sunt, ut eadem parvi facienda existimem, nisi fuerint, Vir Celeberrime, Tuo judicio comprobata"*.

Coro (gregoriano) – *"Epistola de Holothurio et Testudine coriacea"*!... *"Epistola de Holothurio et Testudine coriacea"*!... *Amen! Amen!*

Dangbé (imita) – *Amin! Amin!*

Lucy – Meus irmãos, deixai-me em singelas palavras comentar a consagrada espécie de Vandelli. Em 1761, vivia ainda em Pádua, o venerável Domenico publicou a *Epistola de Holothurio et Testudine coriacea*, em que descreve a lira: esta tartaruga marinha é um milagre da Natureza, um espanto, a mais espantosa das espécies à face da Terra.

Respira por pulmões, como todos os répteis, mas mergulha a mil metros de profundidade. Fica debaixo de água durante semanas, atentai no abismo! E chega a pesar perto de mil quilos!

Yoruba (afagando) – Está caladinho, Dangbé! Disseste, ó nocturna luzinha, que o venerável descreveu a lira numa epístola?

Lucy – Publicou a descrição sob forma de carta a Lineu, sim. E Lineu incluiu a tartaruga-lira no *Systema Naturae*, deixando claro que pertencia a Vandelli. Por isso a espécie devia chamar-se *Testudo coriacea* Vandelli, 1761. É assim ou não é?

Coro (gregoriano) – É assim, sim! É assim, sim! É assim, sim!

Lucy – Acreditais que a marinha criatura já teve mil e um nomes diferentes desde essa data?

Coro – Não temos fé, não acreditamos! Não temos fé, não acreditamos!

Lucy – Pela Urraca! E se vos atirar com a sinonímia à cara? (Pega numa folha comprida, a folha vai-se desdobrando pelo chão)

Coro – Por amor de Deus, tem piedade de nós! Por amor de Deus, tem piedade de nós! Por amor de Deus, tem piedade de nós!

Lucy – Tenho piedade de vós. Vou só rezar um terço do que está registado... Porque também há o que a sinonímia não registou. Sem me deter na trapalhada de Bocage com uma lira capturada em Peniche de que Vandelli também falou... Para a deslindar num livro sobre quelónios, o Brongersma teve de estudar História de Portugal!

Coro – Bocage, não! Tem piedade de nós! Bocage, não! Tem piedade de nós! Bocage, não! Tem piedade de nós!

Lucy (vai puxando a folha, selecciona) – Já disse que tinha. Sabeis que animal é a *Testudo coriacea* Lineu, 1766?

Coro (baixinho, falado) – A tartaruga-lira de Vandelli?!...

Lucy – Sabeis que animal é a *Testudo arcuata* Catesby, 1771?

Coro (falado) – Credo! A tartaruga-lira de Vandelli.

Lucy – Sabeis que animal é a *Testudo lyra* Lacepède, 1788?

Yoruba (canto corânico) – *Subhanallah! Subhanallah!*

Lucy – Sabeis que animal é a *Testudo tuberculata* – Pennant in Schoepf, 1801?

Coro (gregoriano) – Credo! A tartaruga-lira de Vandelli.
Lucy - Sabeis que animal é a *Chelonia lutaria* Rafinesque, 1814?

Coro (gregoriano) – Credo! A tartaruga-lira de Vandelli.

Lucy – Sabeis que animal é a *Sphargis mercurialis* Merrem, 1820?

Coro (falado) – Credo! A tartaruga-lira de Vandelli.

Lucy – Sabeis que animal é a *Chelonia Lyra* Bory de St. Vincent, 1828?

Yoruba (canto corânico) – *Bissmilahir Rhamanir Rahim*!

Lucy – Sabeis que animal é a *Dermatochelys porcata* Wagler, 1830?

Coro (confuso, cada voz para seu lado) – Credo! *Porcata*?! A tartaruga-lira? Credo! *Porcata*, a testuda de Vandelli? Tão limpinha? *Porcata*, sempre de carapaça lavada nas ondas?!

Lucy – Sabeis que animal é a *Testudo coriacea marina* Ranzani, 1834?

Coro (gregoriano) – Credo, como se metade da espécie tivesse deixado de ser marinha e passado a fluvial!

Lucy – Sabeis que animal é a *Dermatochelys atlantica* Fitzinger, 1836 (1835)?

Coro (gregoriano) – Credo! Credo! Como se a tartaruga-lira do Mediterrâneo não fosse a do Atlântico e de todos os mares!

Lucy – Sabeis que animal é a *Sphargis coriacea* Duméril & Bibron *in* Bocage, 1863? Esta é só a trapalhada de Bocage sobre a lira de Peniche, de que resultou o prodígio de Vandelli ter vindo à Terra doze anos depois de ter morrido, só para a mandar embalsamar...

Coro (gregoriano) – Credo! Bocage, não, tem piedade de nós!

Lucy – Quantas vezes é preciso dizer que sim, que tenho piedade de vós?! Sabeis que animal é a *Sphargis coriacea* var. *Schlegelii* Garman, 1884?

Coro (furioso) – Credo! Se a tartaruga-lira de Vandelli já tem variedades e raças, só pode ser um híbrido!

Lucy – Sabeis que animal é a *Dermochelys coriacea* Boulenger, 1889?

Coro (gritado, batendo o pé) – Credo! A tartaruga-lira é de Vandelli e não do padeiro!

Lucy – Sabeis que animal é a *Dermatochaelis coriacea* Lineu *in* Oliveira, 1896? Ora bem, esta é só mais uma trapalhada sobre a lira de Peniche que Vandelli mandou expor no Museu da Ajuda, isto doze anos depois da sua morte... Com Paulino de Oliveira, essa única bichinha dividiu-se em duas. Se vos contar que o Brongersma, para desenredar o imbróglio...

Coro (gregoriano) – Credo! Para deslindar o imbróglio, o Brongersma teve de recorrer à interdisciplinaridade, começando por tirar um curso de História de Portugal!

Lucy – Mas o pior está para vir. Nas invasões francesas, Geoffroy Saint-Hilaire tinha querido levá-la para França, já estava encaixotada e tudo, o venerável Vandelli é que não consentiu. Mais valia tê-la deixado ir! Acabou esturricada no incêndio da Politécnica... Era uma das maiores que à data se conheciam! Um dos mais espantosos animais da Criação! Ou uma das mais espantosas criações humanas, sabe-se lá?... Bom, retomando o rol da lavandaria... Sabeis que animal é a *Dermatochelys angusta* Quijada, 1916?

Dangbé (ergue-se do balaio e canta em voz aguda, terrífica) – E o habitante do Ataúde não terá de recear a perseguição do Mal! Em verdade, vive. A Tartaruga está morta!

Tenebrário – Sabeis que animal é a *Dermochelys coriacea* (Vandelli, 1761)?

Todos (dito com infinita resignação) – A tartaruga-lira de Vandelli.

Lucy – *Dermochelys coriacea* (Vandelli, 1761) é o nome actual da espécie, agora prestando jus ao seu legítimo autor. Sabeis quando foi a tartaruga-lira devolvida a Vandelli?
Todos (gregoriano) – A tartaruga-lira de Vandelli.

Lucy – Só em 1980 a lira foi devolvida a Vandelli!

Todos (gregoriano) – Credo! Credo! E durante quanto tempo ainda será a lira de Vandelli?

Lucy – Posso ficar segura de que nunca mais esquecereis esta barbaridade? Jurais?

Todos (estilo militar) – Juro! Jamais esquecerei a tartaruga-lira de Vandelli!

Yoruba – Pelo Clemente sem Limites, estou siderado! Os sistematas são ilusionistas, nunca se sabe o que o lhes vai sair da cartola... Mas esta da tartaruga-lira de Vandelli ultrapassa todos os limites! Como saber de que espécies falam eles, se os nomes mudam todos os anos e os autores variam com as estações?

Coro (estilo militar) – A tartaruga-lira de Vandelli.

Lucy – O maior perigo disto é a manipulação ideológica da Natureza. Porque se não há regras, nenhum código ético na identificação dos seres, posso varrer uma fauna do mapa a meu bel-prazer, criar outra totalmente diversa. Como aconteceu com os répteis de Cabo Verde... Ora isso é tão perigoso como as metáforas. Mais perigoso que a engenharia genética, porque com o racismo ainda acabam por nos varrer a nós...

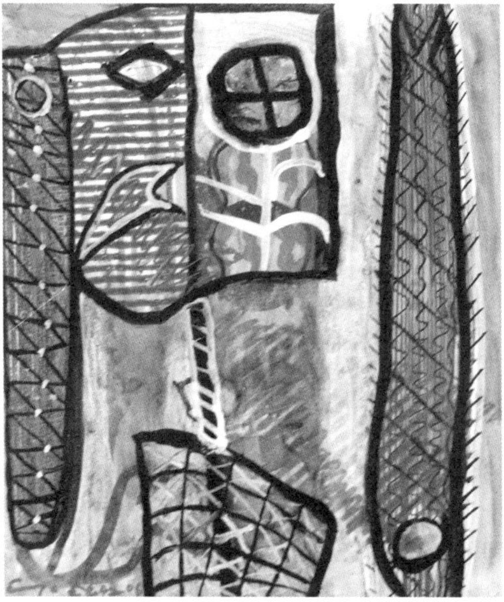

CENA 8

Lucy e Yoruba, sentados no tapete das orações, afagam as mãos.

Lucy – Se não há nenhum código ético na identificação dos seres, posso varrer uma fauna do mapa a meu belprazer, criar outra totalmente diversa. Como aconteceu com os répteis de Cabo Verde... Ora isso é mais perigoso que a engenharia genética, porque com o racismo ainda acabam por nos varrer a nós...

Yoruba (toca timidamente a mão de Lucy, compara-as) – *Skin...*

Lucy (faz-lhe uma festa na mão e brinca) – *Skin head?!...* Não tenhas medo, Yoruba... Somos iguais, somos irmãos, a pele não tem importância nenhuma...

Yoruba – Para os outros, tem... (Tira um frasquinho do bolso, põe um pouco nas costas da mão dela, depois nas dele; ela cheira as mãos de ambos, deliciada) Almíscar, é importante...

Dangbé (gregoriano) – Cantamos nas trevas, vivemos nas trevas, ancorámos nas trevas...

Afastam-se todos e deixam Lucy e Yoruba sozinhos.

Lucy – Estou muito magoada... Não chegará o invisível passageiro? Toda a noite de vigília e ele não veio... Tenho pena... (Estuda o mapa) Podíamos seguir esta rota... De qualquer maneira, é preciso sempre passar por Cabo Verde... E mesmo que não fosse preciso, Cabo Verde é a minha via sacra... (Começa a choramingar)

Yoruba – Eis que a piroga lhe deu para soçobrar, *Inna lil láhi wa inna ilaihi rájiun*!... Ó perfume dos jardins do Éden, o que foi que aconteceu?

Lucy – Estão sempre a acontecer tragédias aos cabo-verdianos...

Sylvia – Sim, mas não é por isso... Ora, que cena é esta? A comandante da nau Gabriel deixa-se naufragar? O que é que te deu assim de repente?

Lucy – Nada, nada... Um amigo, o meu primei... Não, não quero falar...

Yoruba – Por Allah, o primeiro amor... O primeiro amor dela era cabo-verdiano. E depois? Conta... Morreu? É natural, Lucy, o amor é às vezes tão passageira brisa... Ó gazela das ondas marinhas, abre o teu coração...

Lucy (chora) – Não há nada para contar, morreu...

Yoruba (passa-lhe a mão pela cabeça) – Pelo Beneficente e Misericordioso, não foi o amor que morreu, foi o rapaz... Ó minha delícia, não chores...

Lucy – Não acreditei quando me disseram, fui a S. Vicente de propósito para me certificar... E era verdade, estive ali especada na Baía das Gatas a chorar e a olhar para o fundo da água... Só rochedos brutos, só blocos negros de basalto... Os que mais amava já morreram quase todos... E agora o invisível não há meio de chegar... (Sorri, apesar de tudo).

Yoruba – Que o meu Allah-tala eternize o teu sorriso! Ele está nos jardins do Éden, onde correm rios. Ali tem o que deseja. Nós só desejamos.

A cena escurece.
Aparece o Sol dentro de um disco largo e negro,
no céu muito iluminado.

Lucy – E o sol se tornou negro como um saco de crina... Sol negro, bebo-te até a última gota...

Yoruba (vai para o altar, lê o missal) – *Hic est enim calix sanguinis mei novi et aeterni testamenti mysterium fidei, qui pro vobis, et pro multis essunt, in remissione peccato... Laa Ilaa he Ilalaahu Muhammad rasul Allah!* Não há deus a não ser um Deus único e Muhammad é o seu mensageiro... *Laa Ilaa he Ilalaahu Muhammad rasul Allah!* (Reflecte) No Islamismo não existe este sacrifício, aliás o sangue é um alimento proibido... Compreendo o seu horror, é o dos ritos secretos do Benim...

Invisível – *Laa Ilaa he Ilalaahu Muhammad rasul Allah!*

Lucy – Não, não pode ser, o sacrifício não é esse! Sol negro, beijo-te profundamente na boca! – quem escreveu isto, o que quer dizer? Tenho medo... Yoruba, deixa-me ver o Livro, preciso de me orientar...

Yoruba – Só os muçulmanos podem tocar no Alcorão! Toma lá este caderninho...

Lucy – Leitura do *Al Fathia* – *Bissmilahir Rhamanir Rahim! Al-hâmdo li' Lláhi Râbbil-álamin, Arrahmáni' rrhaím, Máliqui yâumi' ddin! Iyyáca nâebudo wa-Iyáca naçtain! Ehdená' çeráta' lmustaquim, Çeráta' lladína aneâmta âlaihim, gâiri' lmaghdúbi âlaihim, walá' ddalin! Amin.*

Dangbé (canto corânico) – *Amin, amin!*

Sylvia – Que Ra seja glorificado quando se levanta no horizonte oriental!

Yoruba – Por muito alto a que ascenda o símbolo, o que é que está na raiz do sacrifício? Ó Allah, que não só me criaste belo por fora como por dentro! – o mesmo que nos sacrifícios humanos... Leitura do Evangelho segundo S. Lucas: "E depois de tomar o pão, deu graças, partiu-o e distribuiu-o, dizendo: Isto é o meu corpo, que é dado por vós; fazei isto em memória de mim. Tomou da mesma sorte o cálice depois de cear, dizendo: Este cálice é o Novo Testamento em meu sangue, que será derramado por vós... *Laa Ilaa he Ilalaahu Muhammad rasul Allah... Laa Ilaa he Ilalaahu Muhammad rasul Allah*"... Ó anjo deprimido, por muito que o corpo e o sangue percam sujeito e substância, por muito que S. Lucas seja o mais subtil dos quatro evangelistas...

Lucy – Apetece-me gritar por socorro! Tenebrário!...

Lucy – Tenebrário!...

Tenebrário – Sim?

Lucy – Como é que isto se interpreta?

Tenebrário (inclina a cabeça, não responde)

Lucy – Ajuda-me, anjo da guarda!

CENA 9

O Tenebrário acende as velas do tenebrário, posto à cabeceira de um tapete com desenho de tabuleiro de damas. Na parede, a representação do Sol, Lua e estrelas. O Tenebrário repete a cena do círio, distribuindo luz a todos. Lucy vai-se estender dentro do banco comprido.

Invisivel – *Hasbunal láhu wa nimal wakil. Alalláhi tawakkalna.*

Lucy – Queres que seja Livro como tu? Queres que recite e viva o sentido literal? Assim, morta de medo como estou? Literalmente: o Novo Testamento em meu sangue... Mas eu nem sequer acredito e sinto terror de mim! (recita) *Hic est enim calix sanguinis mei novi et aeterni testamenti...* O Novo Testamento em meu sangue, meu Deus, acho que vou desmaiar e nem estou a ler tudo o que devia... A Palavra é rubrica no meu próprio sangue... *Sanguinis mei, sanguinis mei...* E qual é a Palavra inscrita no meu sangue?

Coro – O Sol da meia-noite, reparai! Além, na irrevocável distância! Oh, olhai, olhai! O cavaleiro branco vestiu luto carregado!

Lucy – E o sol se tornou negro como um saco de crina... Sol negro, bebo-te cegamente na boca...

Coro – O Sol da meia-noite, reparai! Além, na irrevocável distância! Oh, olhai, olhai! O cavaleiro branco vestiu luto carregado!

Lucy – É como ser louco, não haver espelhos à frente e cair desamparadamente na profundidade de si mesmo... Mas eu não quero cair em mim, não sei o que posso encontrar!

Yoruba – Pelo Benfeitor e Misericordioso! Se caíres na cisterna de ti mesma, o que hás de tu encontrar? Nenhum dragão, só a água dos rios que correm no Jardim do Éden, a tua soberana formosura!

Lucy – Não, o pavor não é dos dragões, venham que eu salto sobre essa fogueira!

Yoruba – Oh, ardente coisinha... Acreditas que o anjo da guarda te vai apagar? Se é ele o que gosta de fósforos... Repara: por muito sagrado que seja, não passa de uma obra de arte... A única coisa que sabe fazer é pôr-se à escuta, de cabeça inclinada para a terra... Quando os olhos se afundam nos teus, o que sentes é uma punhalada... A mim, não vês tu, e no entanto sou humano, teu próximo, tenho sede e para mim não sabes ser-me água! O que se passa contigo, por Allah?

Lucy – Tenho medo de cair em mim e enlouquecer... Enlouquecer por não encontrar nada... Nada, nem logos nem mito, nem ciência nem politécnica, nem saber nem nada ter feito... Nenhuma certeza, nenhuma crença, nenhuma verdade, palavra nenhuma, só a pior das mortes, esta de estar falando de nada, esta de ser um morto que só sente...

Coro – O Sol da meia-noite, reparai! Além, na irrevocável distância! Oh, olhai, olhai! O cavaleiro branco vestiu luto carregado!

Lucy – E o sol se tornou negro como um saco de crina... Sol negro, bebo-te archotes na boca... (Lê) *Hic est enim calix sanguinis mei novi et aeterni testamenti...* Se digo o que realmente leio e sinto, morro mesmo... Ai! Está-me a fugir o sangue todo das veias, preciso de um copo de água... (Yoruba dá-lhe de beber por um cálice).

Invisível – *Hoc est corpus tuum...*

Yoruba – Ensina-me, tu que luz também transportas: qual é a Palavra inscrita a rubro no teu sangue? Criação?

Lucy – Amor... Apetece-me gritar por socorro... Tenebrário, meu Tenebrário!

Yoruba (dá-lhe o *tassbi*) – Ó minha delícia, tens um rio ao pé de ti e preferes a fogueira! Reza, fala com Deus directamente, diz: *Subhanallah! Subhanallah!* Deus Todo Poderoso!

Coro – O Sol da meia-noite, reparai! Além, na irrevocável distância! Oh, olhai, olhai! O cavaleiro branco vestiu luto carregado!

Lucy – E o Sol se tornou negro como um saco de crina... Sol negro, bebo-te sangue na boca... (Desmaia)

Invisível – *Hoc est corpus tuum...*

Yoruba (levanta-se, começa a oração completa, segundo a disciplina das posturas; a seguir ao *Al-Fathia*, faz uma pausa e diz este duá) – *Inna lil láhi wa inna iláihi rájiun*!

Tenebrário (embala-a) – *Máliqui yâumi' ddin*! Que te fará entender o que é o astro nocturno? É o astro que irradia. Toda a alma tem um guardião junto de si!

Invisível – *Máliqui yâumi' ddin*! Que te fará entender o que é o astro nocturno? É o astro que irradia. Toda a alma tem um guardião junto de si!

Lucy (recupera, soergue-se; o Tenebrário vai para o altar) – Tenebrário, volta os olhos para mim... Tenho medo... (Declama, com arrebatamento) Ó tu que te manifestas como pássaro de beleza irradiante, sabe que não roubei... Ó tu, cujos olhos ferem como diamantes, sabe que não menti... O meu maior crime é não acreditar em nada... *Mea culpa, mea maxima culpa*, o meu maior pecado é não acreditar em nada, excepto na divina beleza das palavras que repeti... Prostro-me a teus pés, príncipe dos candelabros, senhor da minha luz... Agora que esta rubrica pronunciei segundo o ritual, põe o teu pão e a tua bebida de comungar em minha boca, e deixa-me atravessar-te...

Tenebrário (está no altar) – O teu Senhor não te abandonou nem te detesta. De que tens medo? Esta é a mesa da nossa comunhão, o pão, o vinho e a memória que cada um transporta. Esta é a mesa do nosso conhecimento, as bodas do nosso advir e da nossa Páscoa: o corpo de Deus ao nosso corpo dado (aponta a mesa). Esta é a mesa do teu nosso afecto, comunga: eis aqui o meu corpo... E calo o resto, o amor é silencioso e invisível.

Lucy – Não, invisível não é, basta ler a tua cara, mesmo quando olhas muito sério para mim... Até quando me atravessas com a tua cólera... Invejo-te, mas estou a morrer de medo... Se eu soubesse como deitar-me fora para me ires depois buscar ao caixote do lixo... (Abandona-se, fica deitada)

Yoruba – *Allahu Akbar*, do caixote do lixo desta tua cultura do Deus morto estou eu a tentar tirar-te! Reza, diz *Subhanallah*!

Invisível – *Subhanallah*!

Tenebrário – Não mexas no teu Tenebrário... Não invejes... Não vês que os membros do meu corpo estão sob custódia? Partiste para a longa viagem, eis que a tua mão alcança o objecto dos teus desejos: o horizonte do céu e os lugares sagrados...

Yoruba – Que loucura, Lucy, eu posso dar-te o pão e água reais que desejares, volta os olhos para mim!

Tenebrário – Quero ver...

Dangbé – Sentado na barca dos milhões de anos, eu sou o Senhor da Lei escrita. Eu sou Thoth, o Hierogramático perfeito, de mãos puras, que tem o dom da Palavra... Volta os olhos para mim...

Invisível – Eu sou Thoth, o Hierogramático perfeito, de mãos puras, que tem o dom da Palavra...

Sylvia – Eu extermino o Mal, eu sou o Escriba da Verdade e tenho aversão ao Pecado... Volta os olhos para mim... Em nome de Aquele Que É Sublime e Príncipe da Eternidade, que o teu espírito seja purificado...

Invisível – Em nome de Aquele Que É Sublime e Príncipe da Eternidade, que o teu espírito seja purificado...

Yoruba – Oh, mas o que é isto do Livro dos Mortos?! Livros escritos por humanos!... Lucy, Allah é o único deus vivo, acorda, diz *Subhanallah*!

Sylvia – Eis que recolhi e reuni todos os membros dispersos do Grande Deus... Agora, depois de ter criado um caminho celeste, avança por ele...

Yoruba – Avança para onde?! Mais deuses mortos, não!

Tenebrário – Eis que te levo até aos Campos da Paz... As oferendas funerárias estão diante de ti... O teu espírito é poderoso, a tua alma abre passagens à força e guarda o poder da Palavra... Vou-te deixar avançar... As Portas estão abertas, atravessa...

Invisível – Eis que te levo até aos Campos da Paz... As oferendas funerárias estão diante de ti... O teu espírito é poderoso, a tua alma abre passagens à força e guarda o poder da Palavra...

Lucy (acorda estonteada, fala com rispidez) – Tu queres é levar-me para o outro mundo! Mas onde é que eu estou metida?!

O Tenebrário inclina-se a procurar-lhe os olhos, vai-a levantando com os dele até ela acalmar e ficar sentada

Yoruba – Ó minha delícia, levanta-te! Tens o amor inscrito no teu sangue, mas afinal que rubrica te matou de medo da morte?

Lucy – Realmente, não disse... Mas digo agora... Se tiver de morrer, morro mesmo e depois logo se vê... É o testamento, meu Deus! O testamento em meu sangue, vou desmaiar outra vez, isto é uma vergonha! Preciso de um copo de água... (Tenebrário dá-lhe de beber) E a quem hei-de eu deixar as minhas tartarugas? Tenebrário...

Tenebrário – Sim...

Lucy – Preciso de criar o meu testamento... Arranja-me papel e caneta, por favor... Tenho as mãos a tremer, que horror! Vai-me sair pavorosa a caligrafia... Escreve tu que eu assino... É só uma alínea, escreve aí, não custa nada... Nada, não tenho nada de especial a deixar, só o Tarejo e a Urraca... Deixo-te a minha criação...

Tenebrário – Pelo Tarejo e pela Urraca!...

Lucy – É o meu testamento...

Tenebrário – Não, porque de tartarugas não percebo nada!

Lucy (pega no *tassbi*, desfia umas contas) – *Subhanallah, Subhanallah, Subhanallah, Subhanallah...*

Invisível – *Laa Ilaa he Ilalaahu Muhammad rasul Allah... Laa Ilaa he Ilalaahu Muhammad rasul Allah...*

Tenebrário – Pelo teu Nosso, arde até às cinzas... Depois serás mais *Phoenicopterus* que o flamingo *ruber roseus...*

Lucy (levanta-se de rompante, vira a capa para o lado vermelho) – *Subhanallah!* Eu preciso é de água, eu já estou farta de arder, mas se ainda queres mais, tem a bondade! (Dá-lhe a caixa de fósforos)

O Tenebrário aceita os fósforos e acende três velas do tenebrário. Lucy ajoelha-se diante das três luzes e reza a confissão negativa.

Lucy – Eu conservo no meu coração a Verdade e a Justiça, porque extirpei dele todo o mal.
Eu não infligi sofrimento aos homens.
Não usei de violência com os meus consanguíneos.
Eu não frequentei locais de malvados nem cometi crimes.
Não impus, para minha vantagem, excessivo trabalho a outrem.

Não fiz intrigas para satisfazer as minhas ambições.
Não blasfemei contra o nome de Deus.
Eu não privei os indigentes da sua subsistência nem pratiquei actos execráveis aos olhos de Deus.
Não fiz sofrer o meu próximo.
Não provoquei a carestia.
Não matei nem provoquei homicídios.
Eu não soneguei as ofertas nas vendas nem noutros templos.
Não roubei os pães dos deuses.
Eu nunca pratiquei acções reprováveis nos limites consagrados às vendas.
Não baixei arbitrariamente o quinhão das ofertas.
Eu não tentei aumentar por meios ilícitos os meus bens terrenos.
Não falsifiquei os pesos da balança nem desloquei a sua agulha.
Eu não roubei o leite dos lábios da criança.
Jamais obstruí as águas correntes e os canais, quando era necessário o fluxo regular do Nilo.
Eu jamais extingui a chama do fogo, quando era preciso que ardesse.
Nunca entrepus obstáculos às manifestações do Deus único.
Nunca traí os meus Bons Primos, nunca cobicei os meus cunhados...
Não perjurei o meu juramento carbonário...
Eu sou pura! Pura! Eu sou pura!

Tenebrário (sacode a caixa de fósforos) – Só me faltava mais esta... Juramento carbonário?! Mas vou contigo, também tenho a minha criação para exibir... Ofertas nas vendas?! A Carbonária não é uma organização terrorista?! Credo! Mas vou contigo, já agora, também tenho a minha criação para exibir...

Lucy – Jamais obstruí as águas correntes e os canais, quando era necessário o seu fluxo regular.
Eu jamais extingui a chama do fogo, quando era preciso que ardesse.
Nunca entrepus obstáculos às manifestações do Deus único.
Nunca traí os meus Bons Primos, nunca cobicei os meus cunhados...
Não perjurei o meu juramento carbonário...
Eu sou pura! Pura, sou pura!

Tenebrário (tenta imitar a postura seguinte de Lucy enquanto vai resmungando) – Jamais obstruiu as águas do Nilo!?... Esta é forte! E nunca roubou o saco das esmolas no templo... Isto é terrorismo religioso, isto é só para me atacar, mas eu vou contigo, eu vou contigo...

Lucy apruma-se, põe a mão direita em lâmina sobre os olhos, baixa a esquerda e coloca os pés em esquadria. Desfaz a posição e assume a liderança dentro do espaço, dirigindo-se a Yoruba, depois ao Tenebrário e, de seguida, a todos.

Lucy – Venerável Primeiro Vigilante, Venerável Segundo Vigilante e demais Bons Primos, Visíveis e Invisíveis (Pega num livro e lê): "Deus soberano que se invoca sob nomes diversos e que reina só, omnipotente e imutável, Pai da Natureza, fonte da luz, lei suprema do Universo, saudamos-te. Exaltamos a tua infinita bondade e damos-te graças.

No momento de iniciarmos os nossos sagrados trabalhos, que não têm outra finalidade a não ser a glória do Teu nome e o bem da Humanidade, suplicamos-Te que vigies sem cessar estes teus filhos todos, que retires dos seus olhos o fatal véu da inexperiência e ilumines a sua alma. Dá-lhes a sabedoria com a qual governas os mundos, a fim de que, tornados cada vez mais dignos de Ti, possamos cantar em hinos infinitos as tuas obras maravilhosas e celebrar, em coro eterno, a universal harmonia que a Tua presença imprime em toda a Natureza. (Volta à posição de sentido, a mão em lâmina sobre os olhos, o corpo erecto e os pés em esquadria): Glória a ti, Nosso Senhor! Que assim seja!"

Yoruba (na postura de Lucy) – Glória! Glória! Glória!

Lucy – Glória a ti, Nosso Senhor e Bom Primo Jesus Cristo! Que assim seja!

Tenebrário (na posição de sentido) – Glória, assim será! Glória, assim será! Glória, assim será!

Lucy – Glória a ti, Nosso Senhor e Bom Primo Jesus Cristo! Que assim seja!

Todos (na postura de Lucy): Glória, assim será! Glória, assim será! Glória, assim será!

Diário de Lilith

PRIMEIRO DIA

TERMINAL DE AUTOCARROS

Do Jardim Zoológico, ou Sete Rios, como prefiras.
Em Lisboa. pt.
A 13 de Julho de 2006, pela manhã.
Deixei para trás a minha cave quente,
Levo na bagagem quase nada.
O nada deve ser toda a bagagem,
Quando queremos estar sempre lampeiros
Para sair.
Aqui, também o ar é caldo.
A sopa que me levou a D. Soledade, tão boa –
São tão boas as sopas que ela faz,
Cremosas de cenoura, lombarda
E feijão branco –
Azedou.
Deixei para trás uma biblioteca,
Deixei para trás uma anacrónica
E pequena discoteca,
Deixei-me para trás.
Vais-te deixando para trás, Lilith.
Às vezes fico tão distante de mim que já não me vejo,

Ponto obscuro
Na paisagem da memória
E agora sais de ti para uma viagem secreta
Ao de ouro rio.
Mas vejamos, Lilith:
A ideia não é sair de mim e entrar em ti, ou
Vice-versa, à maneira de um filme de terror,
Deixar-me possuir pela Demónia,
A ideia central
Que move a carripana
É subir do raso ao alto.
A ideia é aprender a superar contrariedades,
A ideia é aprender a lidar com o Demónio,
A ideia, Lilith, é aprender a lidar contigo.
Manter intactos os desejos
E com eles intactos
Ser capaz de ignorar a dor
Ser capaz de a vencer.

A vida é um campo de batalha.
Quanto mais amadurecemos e entramos na idade,
Mais se apresentam inimigos, agressões e guerras.
Quanto mais envelhecemos,
Mais os inimigos, as batalhas e as agressões
Se confinam ao perímetro da família,
À circunferência da casa.
O fulcro da acção – casa que não sentes tua,
Por isso em carne-viva.
Mesmo estando quieta, mesmo não fazendo nada
Hordas de berberes e hunos
Assestam miras, desfecham tiros

Que esburacam e enegrecem de pólvora
Essas tuas folclóricas frouxas calças – como classificou
O Floriano Martins –
Tecidas nos teares do seu Ceará.
Compraste-as um dia, não nas securas sertanejas,
Sim na pluviosa e europeia Porto Alegre,
Numa feira de artesanato
Em que almoçaste – com a Catarina Oliveira, tão boa
Companheira de viagem! – anchovas assadas na
Taquara – bem no côncavo de um bambu –
No sul do Rio Grande do Sul.
Aqui, na Rodoviária, o espaço
Está delimitado, nos lados mais curtos do rectângulo,
Pelos WC; nas alas, pelas fileiras de autocarros.
A paisagem recamada de veículos
E algumas pessoas sentadas,
Umas a ler o "Metro",
Outras a conversar ao telemóvel,
E tu vais correndo os olhos por essa outra literatura:
"Rede Expressos", "Isidoro Duarte",
"Eva", "Joalto", "NBI", "Empresa Guedes".
Este vai para Fátima, Porto, 50 – deve ser o meu
Mas faltam 25 minutos ainda.
Tempo para driblar bancos e bagagens
E avançar na paisagem de pés, pernas e sacos
Em direcção ao sector feminino do WC.
Devem ser três horas e meia de viagem,
Melhor prevenir.
Se houvesse expresso para a linha do Douro,
Aventuravas-te, Lilith. Não, não há. Só o comboio.
Esta noite vais dormir com a gorda mãe aquática,

A flúmina, a Douro, como la Seine,
A grande rio do ouro, vou dormir com ela ao peito.
Fiz especial questão, na reserva por telefone,
Em ter quarto com vista para o rio
Na residencial Dom Quixote.
Um quarto de frente para o plano de água.
Fiz um plano de água para saires de mim.
Podes sair como quiseres: em vómito, em esconjuro,
Em pranto.
Sair pela porta líquida, neste calor tropical,
38 graus à sombra, pelo menos.
Vou levantar-me e caminhar na direcção do WC.
Não se pode partir sem estes importantes preparativos.

VEÍCULO LONGO, MAN!

Também tu és, Lilith. Um veículo
loooooooooooooooooooooooooongo.
Projectada para a frente na realidade
e deixando atrás uma cauda ardente, embebida
em enxofre, mito, logos e aguarrás.
À volta, no autocarro, risos de juventa:
são escoteiros que jogam às cartas, transportam cores,
mochilas, um vocabulário próprio deles, cheio de *"man"*!
Eu sigo na minha,
eles preparam-se para descer a meio do caminho,
talvez Fátima, *man*!
Certamente vão peregrinar para a trilha dos dinossauros da
Pedreira do Galinha, e acampar nos bosques de pinho,
azinheira, adormecendo na folhagem do azougue
e do azebre, *man*!
Uma pitada por cima de cinábrio,
e os simpáticos jovens de vários sexos, géneros e idades
poderiam desaparecer nas listas dos que a Polícia procura
raptados por malandros e contrabandistas de carne humana
para banquetes pedófilos, *man*!
Ou aparecer em cima de uma azinheira vestida de branco.

ON THE ROAD

Outrora a Igreja lançou o pecado sobre a carne,
estas coisas costumam ter motivação, fundamento,
talvez fosse por causa de alguma doença contagiosa,
assim como o Islão lança interditos alimentares
sobre certa espécie de tartaruga marinha – a *Caretta*?
a *Chelonia mydas*? –,
que volta e meia intoxica aldeias inteiras,
por estar contaminada com qualquer bactéria ou fungo.
Hoje a carne é livre e impura, não paga impostos
nem recorre a bulas, mas tornou-se terrífica
matéria de filme de pavor.................
O horror, na estética dos nossos dias, vive da substância
da vida, seja sangue seja cuspo seja fezes,
ela chega a ser virada do avesso
para as criaturas fílmicas
exibirem os órgãos de que escorrem
óleos nojentos – fígados, pulmões, intestinos,
a massa muscular a desempenhar o papel
de quê? O seu mesmo, o seu papel de carne,
sem representação de nada.
Nada existe para além do que se vê e ouve, um tiro,
um murro, os líquidos gelatinosos
ou como resina a pingarem, a aderirem ao humano,
a copularem com uma pele de poros
abertos de cio, para nela deixarem sementes,

e as sementes dão lugar a larvas, as larvas começam
a devorar a carne que já é mais
qualquer coisa além de humana...
O humano mastigado engole larvas pútridas
alienígenas e vomita; passa tudo pelo estômago,
e também por outros lados
do corpo que reagem ao pavor do outro,
como a extra-sensível vagina – essa
vagem pegajosa,
essa diarreia de sangue é o outro,
quem o suporta na sua diferença?
Quem o aguenta em si sem náusea?
O outro é vómito, o outro és tu, o outro é
eu, Lilith.
Muito bom filme,
porém a título de quê apareceu esse outro
feito carne podre entre as linhas do teu diário,
querida Lilith?
On the road, no autocarro da carreira 50 para o Porto,
tão *beat generation* como Jack Kerouac.

É carnívora esta fase da vida.
Pergunta o *scooter* à escoteira – e vão sair
em Fátima, já o posso anunciar com toda a certeza –
o que será o jantar no local de destino, seja ou não o seu
destino uma peregrinação pela trilha de dinossauros
da Pedreira do Galinha:
– Bifes com peru! – responde a jovem, sem pestanejar.
– Bifes com peru???!!!!!!!! – espanta-se o adolescente.
– Bifes com puré, *man*! – corrige a menina, serena,
como se nenhuma revolução tivesse ocorrido na linguagem.

Trepidando, o longo veículo lá vai devorando
espaço ao tempo de vida!

FABÍOLA

Um delito de *jeunesse*, tirado de um baú
De velharias:
Cópias de quadros bonitinhos............
Pintura *naïve*, poemas *à la mode* de
Augusto Gil........................
Mas já aos dezasseis anos tinhas
Calor e graça na caneta, Lilith!
E falas de *Nadja*, num dos teus contos?!
Falta pouco para chegarmos a rio,
À la Douro,
À grande massa de água menstrual
Que não é o Amazonas nem o La Plata,
Mas é, à nossa europeia escala, um grande rio!

TIETÊ

Como se chama o rio que nasce na Serra do Mar e anda em sentido inverso ao habitual, internando-se poluidamente pela cidade de São Paulo?
Trazes o Brasil na ponta da esferográfica, ponto de referência para qualquer imprevista alteração da rota. Rota que será, queira-o eu ou não queiras tu, uma linha mais ondulatória do que recta, no sentido perpendicular, feita de fibra real e imaginária, como aliás o é o que transporta a óptica.
Mida – a paisagem anuncia-se a si mesma, a paisagem anuncia máquinas para desbastar e aplainar madeira, atravessamos um pinhal ralo poucos quilómetros antes da Cidade dos Milagres.
Como evitar pensar no rio de lixo que Fátima é? Um rio invertido, de fé no abismo, real e mítico na sua máquina de fazer dinheiro com fantochadas.
Não queiras destruir Fátima, Lilith. Fátima é um bastião da economia portuguesa, cortar as suas águas equivaleria a suprimir receitas ao Estado e a lançar milhares de pessoas no desemprego. Não, Fátima é boa, e vão para lá os simpáticos *scooters*, *man*! Todas as boas pessoas vão para Fátima depois de morrer!
Podemos a grimpa e desbastemos a ramagem mas nada de ferir de morte a árvore das patacas! Nada de atentar contra a aura da herclíptica Senhora!

Sim, chegamos a Fátima. A crista das montanhas corta como serrote, a serra só não é vermelha crista de galo, de resto eriça-se no horizonte, à maneira de *Tyrannosaurus rex*. Lá por cima marcharam essas ou parecidas entidades, acasalaram e deram ovos à luz ou mesmo meninos placentários, quem sabe?
E mais além a curva do monte é um doce, quanto mais distantes, mais doces e azuladas, como as memórias, numa ilusão de óptica, trazem aos olhos um Tietê salgado.
Vou morrer não tarda muito,
Vou partir num esquife de água.
Chama-lhe Douro ou La Plata
Será um *ayat*,
Sinal de Deus e a sua
Barakah.
A carne podre debaixo da quilha, espesso
Filme de terror.
Vou morrer e estou com pena
De não poder levar nos olhos
Esta paisagem molhada que desliza,
Com a velocidade dos dedos pelo *tassbi*
Aspirando o ar acidulado de eucalipto,
Para o país dos mortos.
Mais discretas as árvores adultas,
Os rebentos tilintam prata
A qualquer brisa marota.
Fátima aproxima-se, Lilith, puta
De Babilónia que se farta!

FATIMAH

Vão-se os soldadinhos de mochila e lenço ao pescoço, azul e branco.
Levam colchão às costas, enrolado, partem para Silvestres fins-de-semana, entre urze, maias e silvado.
Hão-de colher feitiços, nozes, não,
que ainda não é o tempo delas. Nem de abrunhos, medronhos, nem de amoras.

Que pretendia Baden Powell ao criar estes exércitos de meninos, como as políticas criaram a Jovem França, a Jovem Itália, que não davam apenas conta da renovação que se pretendia na liderança dos países, mas também indicavam que eram novos em idade os novos líderes, a Mocidade Portuguesa, as JOCs, as JUCs etc.? Deixa-o falar, Lilith:

Also, from experience of the Boys' Brigade, I realised that men could be got voluntarily to sacrifice time and energy to training boys. Then my idea that Scouting could be educative was strengthened also, through the following incident. General Lord Allenby was riding to his house after a field day when his little son shouted to him, "Father, I have shot you, you are not half a Scout. A Scout looks upward as well as around him - you never saw me". There was the boy, sitting up in a tree overhead; but far above him, near the top of the tree, was his new governess. "What on earth are you doing

*up there?" cried the General. "Oh, I am teaching him Scouting,"
she said. She had been trained at Miss Charlotte Mason's College
for Teachers, and they had been using my book, Aids to Scouting,
written for soldiers, as a textbook in the art of educating children.*
(In: Cyberspace)

Ciao, Fatimah! Adeus, juventude!
Bye, filha do Profeta (Que Deus o cubra de glória!)
Hasta la vista, dinastia fatimita, fundadora da cidade do Cairo!
Se calhar no fim de Agosto cá estarei, para a Semana de Verão de Teologia,
liderada pelo José Augusto Mourão,
para ouvir falar de Allah, de Jesus e de Abraão,
a Frei Francolino Gonçalves da
Escola Bíblica de Jerusalém, e a AbdoolKarim Vakil,
Jovem líder Brasian Portuguese from UK.

O CASTELO DE LEIRIA

A Rainha Santa Isabel tinha mandado fazer a igreja de Nossa Senhora da Penha, lá no Castelo, onde moravam, na qual trabalhavam muitos alvanéis. Muito caridosa, dava generosas esmolas aos pobres, o que às vezes contrariava o Rei, bom administrador do reino e da sua fazenda, tanto mais que as esmolas da sua mulher eram grandes e repetidas.
Um dia, levava a Rainha, numa abada do seu manto, boa quantidade de moedas para distribuir pelos mais pobres, quando lhe apareceu, de surpresa, seu marido e Rei que, conhecendo demasiado bem o espírito de bem-fazer da Rainha e calculando o que ela levava na aba do seu manto, lhe perguntou: "Que levais aí, Senhora?"
Ao que a Rainha Santa, abrindo o manto para que visse, lhe respondeu: "Rosas, Senhor!"

(Disponível na internet)

A obra vai-se construindo com materiais vários, e não apenas com cedro do Líbano ou mármore de Estremoz; a obra vai-se construindo em planos vários, e não apenas no diálogo com uma entidade designada por Lilith; a obra vai-se construindo em estratos, e não apenas o da cronologia de três dias no Douro que de resto não chegaram a ser três. Três dias completos, não.
Vamos chegando à área de serviço de Leiria, e o motor rosna, manselinamente: Grrrooommmm... Brrraaaakkkkk... Grrrooommmm... Brrraaaakkkkk... Peças de metal

chispam, umas de encontro às outras, ciciando: Uniiiiimmmmm... Vrrriiiiiinnnnnk... Zliiiiiiittt... Trazem à memória imagens auditivas do "Manucure", de Mário de Sá-Carneiro, e com elas chega à mente o Lar Alentejano, onde viveste no primeiro ano de Faculdade, ali para os lados do Rock Rendez-Vous, que decorria aos domingos numa sala de cinema que já não existe, na Rua da Beneficência. O Lar Alentejano, de freiras talvez franciscanas, crês que ainda funciona, na Rua Veloso Salgado, número 33, aproximadamente, salvo maior erro.

As partidas que a memória nos prega! Conseguires lembrar-te tão exactamente de um local onde mais jogavas King do que estudavas, e por isso chumbaste aparatosamente! De nada serviu vires com boas notas da Guiné e beneficiares de uma bolsa de estudo da Gulbenkian! Onde já iam as notas razoáveis sacadas em Latim da D. Anita Ribeiro e Silva, que já morreu? Da D. Clara Schwarz da Silva, professora de Francês, mantiveste os resultados agradáveis. Ainda vive, tem mais de noventa anos, recebeu uma homenagem dos antigos alunos no ano passado, na Sociedade de Geografia de Lisboa. Contou que a sua vida não tinha sido um mar de rosas: era uma judia fugida às perseguições nazis, e de uma vez a Pide tinha prendido o marido, em Bissau, sob acusação de actividades comunistas.

A D. Clara já não se lembra de ti. Lembra-se de poucos, está muito velha. Mas nós gostámos de a ver. É reconfortante viver tempos antigos, o passado acoplado ao presente, simultâneo dele, e não como se a vida fosse um calendário em que dias passados e futuros estivessem fora de uso, e nós já e ainda nada tivéssemos que

ver com eles. Como se tu, Lilith das calças frouxas, não fosses eu. O António Júlio Estácio é muito bom a organizar estes eventos.
O Lar Alentejano não abrigava só filhas-família de ricos latifundiários do Alentejo. No teu quarto, de três, vivia também uma jovem de Leiria, cujo nome esqueceste. Madalena, por suposição. A Madalena intrigava-se e ralhava contigo por passares tantas vezes na estrada de Leiria e nunca teres visto o castelo, com uma linda varanda, de que se tinham debruçado dois dos nossos mais lendários governantes, a Rainha Santa Isabel e D. Dinis, o Rei-Poeta.
Era de Leiria a Madalena, com aqueles olhos muito azuis e cabelos escorridos de cor clara, queria que brilhasse a sua terra, e tu não tinhas consciência de já teres visto um castelo que viras tantas vezes, sem o relacionares com a cidade de Leiria. Ofendida, a jovem mostrava postais ilustrados, os olhos a brilharem muito à tona de uma pele lisa, sem poros abertos, de brancura árdua:
– Nunca viste o castelo de Leiria?! Olha para ele!
Que fazemos aos amigos? Em que recantos da vida e da consciência os vamos deixando? Que vergonha, nem do nome dela te recordas... Gostava de te ver, Mariana. Ou Milú, tanto faz. Gostava de saber como foi o teu caminho, se tiveste muitos obstáculos ou nenhuns na jornada. Tens filhos? Que fazem? Com quem casaste? Com aquele estudante de Engenharia que vivia no Colégio Pio XII? Gostava de conhecer um pouco da tua narrativa de vida. Como é, Alexandra? Tens sido feliz? Foste dar aulas de Inglês e Alemão para o liceu de Leiria? Oh, Joana, que alegria! Estás na mesma, só essas rugas de expressão,

de resto, quarenta anos ou pouco menos em cima não te fizeram mossa nenhuma!
O castelo de Leiria vê-se da estrada? Nunca reparei, confesso. Já lá fomos, já passeámos na varanda de que a Rainha nascida no Reyno de Ys deixava cair rosas-cruz, mas vê-se da estrada?!
Tal como na juventude, passaste pela região de Leiria e não viste nada, nem castelo nem cidade, mas hoje tens o desconto de ser já muito diferente o plano director das estradas.
Vês sempre outra coisa, não é, Lilith? Vês abelhas a emitirem raios de luz nos dedos miraculados de Ysabelys.

RIBEIRA DE AGUDIM

Atravessámos agora a Ribeira de Agudim.
As ribeiras de Agudim
que na vida atravessamos sem saber
e sem nada conhecermos da sua história!
E como magoam, às vezes! Como as dores
são agudas!
Lilith, as lições que perdeste e que te deram...
Menina, tu tiveste tão bons mestres
e ficaste sempre essa incivilizada
que nem sabe comer à mesa!
Olha para o papelinho que encontrei aqui,
dentro do teu cartão de identidade
da J.E.C.F. – sabias que em 1962,
tinhas tu 14 anos, pertenceste à
Juventude Católica Feminina? Pois é, pertenceste!
Associada nº 23703, reza o cartão de identidade.
O que será aquele "E"? – Escolar?
Também tu foste escoteira, Lilith,
mas em vez de Baden Powell,
devias receber instruções do Cardeal Cerejeira.
Olha o papelinho, Lilith, escrito pelo teu punho,
em duas estrofes pequeninas:

Rezar sempre as minhas
orações de manhã e
à noite.

Fazer os possíveis para
ser delicada com todos
mesmo para aqueles
que o não forem para mim.

Eras então interna do Colégio da Imaculada Conceição, em Lamego, e andavas no 4º Ano. Adoraste o internato, vias cinema e ias passear para o parque da Senhora dos Remédios, mas também foi lá que recebeste o maior vexame da tua vida! Uma bofetada da Irmã Francisca, por não teres preenchido o mapa mudo com o nome dos acidentes geográficos! Em vez disso, numeraste-os no mapa, e fizeste legenda em papel à parte. "A menina é uma extravagante!", cuspiu a freira, injuriosa, descarregando-te um zero na pauta e uma chapada na cara.

As pessoas que nunca apanharam porrada na vida!
As pessoas! Pessoa!
As que nunca foram capacho de sandálias
italianas, as que nunca limparam os sapatos
em tapetes de pensões baratas
e albergues de juventude
em Barcelona, com os seus vitrais vermelhos,
instalação azul de obras à porta, encimada pelo número 33,
ao lado da Boutique Hermes, que vendia
acessórios da moda para moças elegantes.
Que pessoas nunca apanharam porrada da vida, Álvaro?
Vem-me isto ao pensamento, Fernando, as humilhações que sofremos e calamos,
os pontapés que recebemos e aos quais reagimos
– Afasta de mim esses horrendos modelos! –,

as cadeiras que nos tiram de debaixo do rabo
e rimos, rimos,
que não foi nada, fingimos.

Ou então como vendaval
levanta-se em nós uma cobra cascavel
os guizos num frenesi e a cabeça disparada
dois dentes em gancho
mordem até a última gota de mortífero veneno.
Fazer os possíveis para
ser delicada com todos
mesmo para aqueles
que o não forem para mim.
A transmissão do modelo, assim se torcem de pequenas
as pepinas, para se tornarem salsichas do paradigma,
ideais para consumo burguês à sobremesa.
Subir acima da agressão, Lilith, não precisar de língua,
dentes nem punhal.
Guardar apenas um olhar manso e com ele demover
rochedos.
Usar somente a voz, uma voz doce, que convoque
os animais dos bosques e aos regatos mude o curso
para as águas a teus pés escutarem.
E terás tu na língua o poder de Orfeu?
Consegues sair do Inferno com Eurídice?
Subir acima da dor e das contrariedades sem ripostar
e sem sofrer.
Mas subir todos os degraus da civilização
sem ir parar ao Nirvana, conservando o desejo, o desejo
de uma boa refeição, de uma boa foda, o desejo
de uma boa cama.

Pessoa, tu que foste capacho de quem nada valia
em frente de ti, como fizeste?
Alimentaste a dor, dormiste com ela?
A obra quase toda deixaste no baú
para que outros um dia esse tesouro descobrissem
e a elas ele em ouro transmutasse?
Não publicaste quase nada em vida, tiveste medo
da porrada?
Como fizeste?
O ET reproduziu-se em mil e uma
personagens, entre as quais, homem de Deus!,
até a Maria José entalaste!
Maria José! E porque não Jesus Maria José?
Jesus, pequenino, quiseste sê-lo?
Foi assim que fizeste para subir os degraus
da secreta escada
que levam do raso onde nos fere a porrada
ao alto onde se deseja mas já não existe dor
por sermos maiores do que ela?
Jesus, Fernando, quiseste sê-lo?
Assinaste com esse nome?
Uh, uh! Malandro...

RUÍNAS DE CONÍMBRIGA

Podiam ser em Curitiba? Diz, Flor: podia em Fortaleza existir um recinto arqueológico idêntico ao de Conímbriga? São 14:30h, aproximamo-nos de Coimbra a largas rodadas de limão, vinagre e azedinhas.
Curitiba, na Mata Atlântica, de pinheiros do Paraná pontilhada, muito para além e muito para aquém da região do Paraná. Vi pinheiros do Paraná em todo o lado. Protegidíssimos, muito mais do que as *Chioglossa* e *Rana iberica*, tal como, de resto, todas as espécies arborícolas do Brasil. Parecidos no porte, na copa afectuosa, com o nosso pinheiro manso, *Pinus pinea*. Em Curitiba vi centenas deles, usam-se como árvores de ornamentação urbana.
Em Curitiba morreste uma vez. Desfizeste-te de mim, mas não perdeste agulhas nem pinhões. Apenas lhes acrescentaste asas. E não consegues voar acima daquilo que te contraria e só é importante porque tu lhe dás importância?
Lilith, os instrumentos vão surgindo da tua própria capacidade de criar. Com eles vais subindo os degraus da escada.
Sim, podiam as ruínas ser em Curitiba. Há tanto vestígio arqueológico no Brasil, tanta prova de que as datas da ciência para aparição do humano no continente americano estavam erradas! Quem ergueu as pirâmides do Egipto também andou pela América. Mas tu não sabes nada de cronologias curtas e longas, Lilith das calças largas!

Muito antes das pirâmides, já o homem era bípede como qualquer outro construtor de túmulos e catedrais! Já havia bípedes nas Américas muito antes dos egípcios, há muito mais de cinco mil anos! Oh, bem podes multiplicar isso por dez, por cem, por mil!
— Diz, Lucy, que idade tens? Vivias há quantos milhares de anos com a família, e em que parte da Terra?
— Tenho mais de três milhões e duzentos mil anos de idade, Lilith! Se bem que isso seja nada, comparando com a tua existência *in illo tempore* do mito... Vivi vinte anos nas florestas da Etiópia, há mais de três milhões e duzentos mil...
— Vês? A Lucy é antiquíssima, bem na ouviste dizê-lo pela sua própria boca: viveu há mais de três milhões de anos!
— Mais de três milhões e duzentos mil... *Lucy in the sky with diamonds*...
— E há quem ainda acredite que os homens vivem na Terra há seis mil anos...
— Ah, sim, muito mais avançados são os Rosa-Cruz...

"COIMBRA, CIDADE DO CONHECIMENTO"

Essa é forte! Como se Bolonha, Paris, Montpellier, Toledo, Salamanca, Oxford, como se até Lamego o não fossem!
Ontem fui ao teatro. Aliás, fui levada às novas instalações do Teatro Aberto, a ver o "Galileu, Galilei", de Brecht, pela Eugénia Vasques e pelo Armando Nascimento Rosa. Bilhetes oferecidos pelo actor principal, Rui Mendes. Peça sólida como a noite sólida, teatral como os meus amigos, madura, fluida, com interpretação solene de um homem que noutra capital europeia talvez não ganhasse a vida a fazer telenovelas. Um homem de beleza engastada em anos, o Rui Mendes.
"Coimbra, cidade do conhecimento", eis o letreiro à borda da estrada. É preciso ter lata! Como se outras o não fossem, como se o facto de a antiga Universidade..., como se não pudéssemos dizer o mesmo do quarto onde Galileu escreveu os seus *Discorsi* – Considerações e demonstrações matemáticas sobre duas novas ciências, dos escritórios onde tantos artigos escreveram tantos mestres...
Lugar de S. Sebastião, casita branca na vinha, Vivenda do Conhecimento!
Lilith das calças largas, espaço corporal de conhecimento!
Autocarro Rodonorte da carreira 50 para o Porto, a caminho de Montemor-o-Velho, lugar 16, janela do

conhecimento, parou. Parou?! Como é possível? Parou Eppur si muove!

PALÁCIO DO BUÇACO

Luxúria verde, moluscos e anfíbios (sapos, rãs, salamandras, tritões) introduzidos no Parque pelos bons naturalistas, em especial Augusto Nobre e Antero de Seabra. Tal como as árvores do Buçaco hão-de ter sido plantadas mais ou menos na mesma época. Portugal era bem grego no passado, bem careca. Um dos mais remotos introdutores de espécies foi o Rei-Poeta, D. Dinis. Ele o canta, de resto: *Ay, flores, ay flores do verde piño...* No tempo de Salazar a introdução atinge um auge com a florestação da Serra de Monsanto. As espécies introduzidas estão todas marcadas na literatura, para aviso. Consulte-se, v.g., a "Flora Portuguesa" de Gonçalo Sampaio. Leiam-se os artigos de Augusto Nobre sobre moluscos. Num deles, declara que fará a introdução no fim da série de textos. Não há desculpa para a ignorância.
Buçaco – um paraíso! O Éden que imaginamos para núpcias dos pais, tão bom como conveses de navios de proa feita às Caraíbas, Barbados, o imaginário é tão poderoso, e a realidade quantas vezes fica aquém das Berlengas. Um dia comentaste isso com a tia Nelita, que já morreu, e morreu de morte estúpida, esmagada por um camião enquanto conversava com a Olga ao portão da casa, a tia Nelita que tão boas compotas fazia, de melão, cereja, abóbora, a tia Nelita corrigiu, espantada: – Lilith, os teus pais, quando casaram, não foram passar a lua-de-mel a parte nenhuma, ficaram em casa!

E tu não mentias, Lilith das calças tontas! Por qualquer motivo, real ou imaginário, estavas convencida de que os teus pais tinham passado a noite de núpcias no Palácio do Buçaco!
O Buçaco, antes da florestação, com a correlata introdução de espécies, devia ser um monte de calhaus ou um deserto, em que só searas havia, à maneira de Monsanto. Tudo o que nele é hoje paradisíaco resulta da acção do homem.
Os jardins são humanos, ou são divinos, naturais é que não, se por natural entendermos o que é original, espontâneo, não trabalhado por nós.
A tia Nelita, que te ensinou a jogar canasta, a dizer que os teus pais não tinham passado a lua-de-mel no Palácio do Buçaco! Que vergonha, Lilith, que desencanto... Onde tinhas tu ido buscar tão mirífica ideia?

Buçaco das salamandras pretas.
Buçaco dos caracóis e lesmas.
A salamandra entre as pernas, ardente,
o fogo ateado de S. João
com tojo e rosmaninho, no tempo das maias.
Essa labareda que titila o corpo
e te põe escarranchada sobre as pernas do teu filho,
bom ou mau, bem ou mal, isso está para além de Nietzsche,
é uma potência incontrolável.
Pensar que todos passaram por aí, que todos a têm,
mesmo os que não devem, Lilith.
Pensar que o dever nada é contra o poder da salamandra,
quando a salamandra crepita entre as pernas e
todo o corpo é uma árvore tremente que arde.
Pensar que o poder é incontrolável

e portanto não foi controlado.
Buçaco, o monte dos mitos.
Buçaco, a revelar as grandes hipocrisias da História.
Apenas porque a salamandra ali deixada
pelos naturalistas
não pode ser controlada.

ESPINHO

Antes de Espinho vem a Rosa
antes do nome repete Eco
e antes do Espinheiro ouviríamos a história
de Rosa de Carvalho, mais as *Chioglossa*, se tu a contasses.
Em Espinho bate o mar. Em Espinho
marulham ondas atlânticas.
O mar branco e azul, o salso mar, o odre marítimo,
Armando,
Armando Nascimento Rosa, o "Odre Marítimo" é teu...
Ensopado de lembranças com coentros,
caldeirada de referências.
O Valmir, o Carbonário, não quis ir a Espinho
apesar do desejo de conhecer a terra de sua mãe
Negrusca. Que outro desejo maior do que esse
o impediu?
A salamandra não é controlável...

A praia branca, o casario moreno, o mar enorme,
e o casino, na orla do Atlântico, de seixos e conchinhas
coalhado, à Camilo. Também ele é horizonte, duplo.
Não tires partido da excepção, Lilith.
É muito perigoso aguentar a diferença
na consciência dos outros.
Procura a régua, o esquadro e o compasso,
e alinha-te pelo nível dos próximos.

Um passo em falso e condenam-te à morte.
Não tires partido da excepção no alheio,
embora percas belas histórias.
É perigoso.
Naturaliza o que poderia elevar-te aos olhos
dos outros, Lilith. Como se nada fosse, não,
não tem importância, é natural.
Sim, claro, nada de mais falso que o natural.
Mas tens de sobreviver
na selva das vinhas.
O Walmir não quis ir a Espinho porque preferiu
ir a outro lado. E andaste com ele,
o grande chefe da Maçonaria Florestal Carbonária,
pelos restaurantes da Ribeira do Porto e pelas sapatarias
de Braga.
Naturalizas o que para outros é mítico,
um Caminho de Santiago perfeito!
Mal sabes quão mito és tu, Lilith das calças cearenses.
Tu a fazer de guia ao Carbonário, tu a levá-lo
pelas estações de pedra da Via Láctea,
parando a uma porta 33
de um prédio em Guimarães,
onde outrora se reuniam os membros
da Carbonária Portuguesa!
Abelha Mestra, chama-te a Eugénia Vasques.
Abelha Maia...
Naturalizas o excepcional, o miraculoso,
desmistificas tudo!
Lilith, para subires ao tejadilho do autocarro
precisas de admitir que
ao menos nasceste noutro mundo

para muita gente... Entendes?
Eles acreditam que nasceste no Reino de Ys,
como Isabel, a Rainha Santa...

Para além do pinhal vê-se água azul-marinha,
para além do pinhal grita gente.
Para lá do mar salgado
atravessam-nos rios de marés ardentes!

CAMPANHÃ

Olha o comboio para Guimarães, Irmão Francisco!
Lindas cores, assentos confortáveis, como nós adoramos, infantilmente,
estes brinquedos!
O Walmir Battu, que andaste a passear por Guimarães, Porto e Braga, deliciou-se com os nossos transportes, e até as chapas de matrícula achava interessantes!
Como o grande e terrível Carbonário se divertiu a andar de autocarro e no comboio cor-de-laranja!
Acaba de oferecer à mulher, Anita Garibaldi, um Alfa Romeo, para ela se deslocar até à chácara, onde constroem castelo, pirâmide, e muito mais aconchegos para uma vida toda dedicada à Maçonaria Florestal.
Para ti, Lilith, todos os templos são estruturas vazias.
Para eles, não, porque são crentes.

DOURO, A MÃE GORDA

Chegou o rio, a dor, o ouro
de uma herança negada,
chegou a onda grossa,
a ponte,
uma atrás da outra.
E que escada?

IRMÃO FRANCISCO

Olha o comboio para Guimarães, Irmão Francisco!
As referências no contexto da Fraternidade.
Neste discurso, tenho referências. Posso falar contigo,
Lilith, neste patamar de Igualdade.
Serei livre o bastante para achar referências
em outros discursos?
Francisco, Francisco Teixeira,
foi bom o passeio, ao luar, pelo Jardim de Pedras
da Penha, como lhe chamou José Medeiros.
No dia seguinte,
encontrei o espagirista e a mulher
de regresso das Pedras
com uma colheita de plantas variadas
para fins medicinais.
Até à próxima, Ir.'. Francisco! Chegou o meu comboio
para a Régua e até ao Pocinho,
há muitos anos que a linha do Douro encurtou
e a locomotiva deixou de ir até Barca d'Alva.
Pela primeira vez, ao fim de quase sessenta anos de existência, apanho o comboio para descer, como sempre, na Régua, mas ficar nela. Não, ninguém me espera para me levar para Lamego e etc. Vou ficar no Peso da Régua, armada com nível, prumo, esquadro e compasso, para erguer as paredes de uma obra. Minhas IIr.'., as Horas, meus BB.'. PPr.'., os quase Três Dias, preparai-vos para

subir pelo prumo até ao nível das estrelas.
Uma vez que fosse, na vida,
uma duriense teria de dormir no leito do rio
e acordar na barca solar, entre os papiros do Nilo.

PENAFIEL

Em Penafiel existe um quartel.............
Pouca-terra... Pouca-terra... Pouca-terra...
Valongo, eis a terra da *Chioglossa valonguensis*,
antigamente as casas debruçadas para o comboio
eram revestidas a ardósia,
parecem escamas de tartaruga,
umas sobre as outras negras, as negras placas de ardósia.
Pouca-terra, muita-água, algum-fogo, bastante-ar......
Tuf-tuf-brrrrrrrrrrrr!!!!!!!!!!!!!!!!!!!!!!!!!! Ghuuuuu!!!!!!!!!!!!!!!!!!
Xrank-xrank-xrank.......... Taf-taf-tafetá..................
Desliza rápido sobre carris de aço,
lá vai o comboio, sempre a apitar,
por montes e vales, por pontes e túneis,
lá vai o comboio, piiiiiiiiiiiiiiiiiiiiiiimmmmmm!
a roncar e a tilintar!
Salta Pocinho
depois do Pinhão
mas eu fico na Régua
frente ao Maaaarão..................................
E não vou ao Vesúvio
de Agustina Bessa-Luís mas, mesmo sem ele,
o ar escalda, e as salamandras morrem cozidas
nas águas poluídas dos tanques de rega.
Em Penafiel estiveste uma vez..........................
Parada, suspensa

dos lábios de alguém,
esperando o que não era possível.
Um amigo que te convidou a ir com ele visitar um soldado
ao quartel, e te deixou num café à espera
enquanto ele ia ao quartel,
e tu pensando que era a ti que ele queria ver,
mas não, havia realmente um soldado no quartel
de Penafiel, isto em tempos remotos,
quando estas coisas eram escandalosas
e nem se falava nelas, nem se sabia de nada,
podíamos lá imaginar?
Mesmo quando os meninos da nossa idade,
em vez de brincarem com
as meninas, se vestiam de meninas, punham bâton
e lenços de seda na cabeça,
e brincavam às meninas uns com os outros.

Em Penafiel existia um quartel.
No quartel de Penafiel há soldadinhos à espera
de visitas de meninos,
mas não creio que nos cafés de Penafiel
ainda estejam meninas sentadas à espera
de meninos que foram visitar soldadinhos
ao quartel de Penafiel....................

QUASE LÁ

Quase lá, quase no ar limpo, quase numa mesquita,
sem imagens, quase quase numa esterilizada
capela de hospital, a escrever a branco no céu,
sem colete-de-forças.
Quase o azul, quase a manhã,
não podes dizer "quase Mário"
porque é justamente o contrário de Mário
de Sá-Carneiro o que pretendes:
uma escrita ametafórica, com palavras-coisas
e palavras-actos
e nada de representações barrocas.
Que o relâmpago abrase
que a palavra "leite" alimente
que a palavra "perdão" perdoe. E que a salvação salve.
O cavalo de Tróia bem podia estar vazio, sem soldados
escondidos dentro,
quase Pégaso, quase sopro do Divino Espírito Santo,
quase bruma, Vvvvvvvvvvvvvvvvvvv!, façamos força,
assopremos com vontade!
Mais um pouco e teríamos chegado lá, ao topo da noite
com o seu astro, a sua redonda mãe branca.
Um pouco mais e teríamos podido planar na sombra
em que se eclipsa.
Um pouco mais e terias vestido um hábito de monja
e sacudido as sandálias peregrinas!

Quase lá, no Peso, o peso da Regra!
Como são extensos os campos de milho, como espigam
as hastes sob o sol seco, como são amarelas
as barbas e os tentáculos!
O ar sem cor lateja, o sol frita,
e as vinhas, em latadas, rogam preces ao Senhor,
antecipando vindimas de águas.

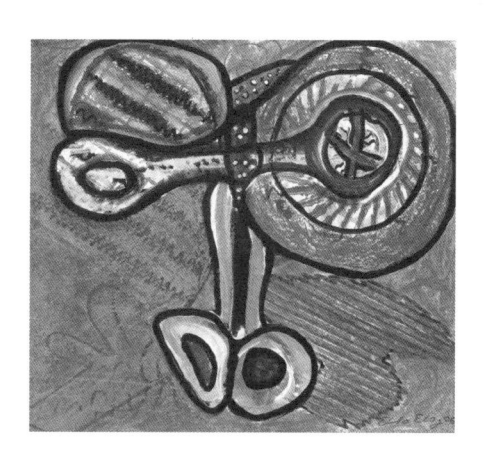

MARCO DE CANAVESES

O rio virou-se de costas para nós
Há bocado.
Porém só em Pala
Passará a mostrar as ancas, as mamas redondas,
As pernas gordas, o ventre farto
Com o *omphalos* espetado bem no centro do mundo.
A rio é esta *Vénus de Willendorf*
Com a cintura sob os pneus oculta
E macho também, *quantum satis*.
Era daqui o meu professor de Filosofia na Guiné,
O Dr. Brandão: de Marco de Canaveses.
Magro, alto, carão moreno,
Já Bocage dele era outro sósia,
Óculos de lentes escuras, o papão.

Para ti, Lilith, nem por isso, pelo menos em Filosofia.
Recebeste dele as melhores notas de sempre,
Quase vinte, menina!
O mesmo não dirias da outra cadeira que ele dava,
Organização Política, que se fazia marrando,
Decorando
Como em peça de teatro, o aluno cego,
Impensante, acrítico
Robot.

Máq
Uina d
E tritur
Ar text
O..

PALA

Pala deve ser aquela terra abaixo do nível da linha
de comboio,
numa baía em que se ergue uma igreja.
Tanta água junta aos pés,
tanta água que se mete, céus!, sabendo e sem saber...
Como conhecer os outros?
E que outros? Rodeiam-nos muitas categorias de outros,
vivemos com muitas categorias de outros,
entre elas, só uma é constituída por humanos.
Outra categoria é constituída por animais,
e nem todos os animais são percebidos pelos humanos
da mesma maneira.
Por exemplo, os touros de lide.
Não são o mesmo que cães, gatos, galinhas nem baleias.
Há animais que não são animais no inconsciente.
Mexer neles, mesmo com luvas, pinças, bata branca,
desencadeia repulsa, agressão, e a criatura,
por eles ensandecida, ou foge
ou mata.
Para quê informar que os animais são inofensivos,
úteis à sanidade do ambiente
e bons cooperadores na agricultura,
se lagartos e cobras são impulsos irracionais
para muitas pessoas?
Não são animais, são pavores.

Pesadelos de que se acorda aos gritos.
Porquê? Porquê?
Talvez por serem animais terrestres de sangue frio.
E não por te representarem na Bíblia...
Tanta água em baixo, Lilith das calças frouxas.
Vais morrer pelos pés, a foice a trepar devagarinho
por ti acima, a mão da morte a agarrar-te o coração,
a apertá-lo até ficar do tamanho de uma avelã.
O túnel.
Uma vergastada de vento
entra pela janela, com ela outrora entravam faúlhas e fumo,
agora entram cheiros a óleo queimado,
poça! Pensar que uma cobrita de centímetros
faz erguer uma enxada contra ela, esquece,
deve ser Diesel.
Pala, tiro-te o boné, és uma jóia
ao pescoço do rio, digna de ser lembrada!

MOSTEIRÓ

A cobra verde aos pés, mas tu não és a Virgem,
nem as cobras são fornicadoras de mulheres.

Todas as espécies de répteis e anfíbios
em Portugal
estão protegidas.
Chateiam-se e chateiam-me por dizer
estas coisas,
só os zoólogos dão valor a minhocas,
sapos e formigas,
mas Protecção é Protecção das Espécies,
excepto a humana:
olha o que se passa agora em Israel
e no Líbano!
Matam-se uns aos outros, já lá vai o tempo
em que as guerras
se faziam com espadas e códigos de honra,
em que havia paladinos do Amor – ou Roma? –
que defendiam e protegiam as donzelas,
os órfãos
e as viúvas. Hoje atacam-se os civis, as crianças,
mata-se cobardemente
à distância, em salas ovais, dando duplo clique
com o *mouse* em *links* azuis.
Ninguém está protegido.

Só as espécies animais e vegetais estão protegidas
pela Lei. E de que lhes vale isso?
Quem sabe? Quem lê?
Só os entendidos. Os agricultores,
incultos, matam-nas
à sacholada. As mulheres soltam gritinhos,
fingindo-se
apavoradas.
A bruta cobra de água a querer entrar
no comboio,
e chegaria a entrar
se a locomotiva não fugisse, quando há cheias.
Sobe muito mais do que a actual distância
entre os dois níveis.

Nunca vi os barcos rabelos transportarem
os pipos de vinho.
Já nada disso é deste tempo.
Vejo, pela janela, árvores descortiçadas,
que parecem *Quercus suber*.
Muita cortiça se consome a rolhar
garrafas destes bons vinhos,
mas sobreiros não são árvores
só do Alentejo?

ERMIDA

Algures, por aqui, em tempos mais míticos
Do que reais,
Erigia-se uma pedra como um altar,
Uma pedra à moda de placa na estrada a
Identificar um lugar,
Uma pedra em louvor de Hermes, ou Ermes,
Uma pedra erma,
Ou herma,
A assinalar o melhor caminho, nas encruzilhadas,
Para o hermita chegar ao destino.
Por isso a hermida,
Ermita ou eremida................................
Eu quero, tu queres, Lilith das calças frouxas,
Nós queremos um destino puxado para cima.
Que S. Guindaste nos acuda
Que Mercúrio nos levante nas asas
Que Hermes nos sopre por baixo nas calças
Para suuuubiiiirmos, tipo balão soooobe,
Baalão soobe.........................
A veeeeeeeeeeerrr
De muuuuuuuuiiiiiiiiiiiiiiiiiiiiiiiiiiiiiito loooonnnge
Desaparecerem da Terra
Todos os pessoais e colectivos problemas.

HOTEL RÉGUA DOURO

Fica longe afinal a Residencial Dom Quixote. Deixei de lado a ideia, estás cansada, querida Dulcineia, trazes um capacete pesado na cabeça e uma punhalada no coração há muitos meses – será *stress*, perversão ou neura. Voltas, a maleta e os pés a reboque, para junto do Largo da Estação.
Fui comprar fruta depois de um duche que não refrescou. Mas ah, o rio todo à frente, e o Sandeman empoleirado no monte a vigiar-te, chega com a sua negra capa alguma frescura e o trinado melancólico das rãs.
Onde estão elas, as rãs? As protegidas *Rana – Rana perezi*, *Rana iberica* e outras –, onde cantam? Eduardo, Eduardo Crespo, onde cantam as rãs e a que espécies pertencem elas?
Nem os bucólicos poetas alguma vez se interessaram por sapos e rãs. Os alquimistas, sim. E pelas salamandras, então... Agora os poetas interessam-se é pelos rapazinhos, é aos jovens pastores que Virgílio adula com flores, derretidas palavras e frautas de Pã.

Na outra margem, aos pés do monte em que se ergue o Homem de Sande – devia ser Homem da Areia –, pois é nessa que existe vegetação ribeirinha. Deste lado, só vemos cascalho e pedras gordas, nada de plantas, fica deste lado o cais e há barcos atracados. Fortes sacos vocálicos

têm estas criaturinhas... É como as aves, cantam alto e ouvem-se a boa distância, por muito que sejam mínimos verdilhões ou delicadas andorinhas.
Serão rãs verdes ou castanhas? Se calhar coabitam, apesar de congenéricas. Essa história da tiróide é que deve estar a dar cabo de ti, vai ao endocrinologista, vai... Está-se bem aqui, na varanda, com a noite cadente, as luzes dos barcos, os reflexos ondulantes no rio e o canto de rãs dispersas na outra margem.
A água cobra vê-se latejar aos últimos clarões do crepúsculo. São 21 horas, 13 de julho, e escreves sem luz eléctrica. Daqui a nada precisas de descobrir o interruptor para iluminares a varanda. Lilith! Lilith, vai chover! Que agradável, uns chuviscos caem no corpo quente, aliviam por instantes os pés magoados. Que boa, a chuva, se não correr connosco da varanda... Gostava que chovesse forte e feio, que uma tempestade rachasse com a faca dos relâmpagos o céu em duas metades, desde que não nos obrigasse a sair da varanda... E se nos deixássemos dormir aqui, ao relento? Entre dois planos de água, a chuva a cair mansamente sobre as inferiores, a reduzir as dores à brandura de uma toalha...
Não descubro aqui nenhuma referência, para falar com toda a franqueza. As referências criam-se. Crias lugares, Lilith, crias agora esta referência maior que é o rio lancetado pelos reflexos dos candeeiros da estrada.
Em Bruxelas tens mais referências e não são apenas literárias. Apesar de nem um nome de rua conheceres. Lembras-te vagamente de uma praça rodeada de edifícios majestosos, alguns de arquitectura bem fantasiosa. Place de la Mairie? Que importa? Em Bruxelas tinhas

uma amiga, a segunda a suicidar-se... Não, a terceira, esquecias-te da Paula, que se matou a tiro feita uma Medeia desalmada, a terceira a deixar-te com isso um lanho na alma. Se outros amigos se mataram, já não sabes, não recordas, não viviam no teu coração. Essas três, sim, residiam nele, por isso à sua volta há um mapa recamado de referências. A Bruxelas da política, as toneladas de papel gastas por dia em textos e traduções, com relatórios, pareceres, notas, decretos e leis, que ninguém lia. Salvo os directamente implicados na redacção.
Tereza Coelho Lopes, uma escritora fora da escrita, que mal entrou nela, para se enterrar nas escriturações da política. Deixou-nos um livrinho com poemas de Camilo Pessanha, o roubador de água: *Clepshydra*.
A dirigir uma equipa de tradutores de textos que ninguém lia. Que ninguém lê. Tereza, eis o centro do mapa. Tinha tudo o que qualquer uma podia invejar: beleza, bom nascimento, cultura, educação, brilho, inteligência e um opíparo ordenado.
— Chove no rio, Tereza. Nada daquilo tinha valor para si, foi aguentando o desencanto, até se partir toda por dentro, até se julgar a mais no mundo, até se julgar de menos em si. Que queria? Os pais vivos, irmãos, uma família, amigos em cadeia de união perfeita? Queria ser feliz, Tereza?
Uma mulher só num apartamento mobilado, em Bruxelas. Uma mulher a quem nada faltava.
— Não tenho nada, não era isto o que eu queria, errei completamente o discurso da vida!
Errara o discurso, a escritora transformada em escrevente. Faltava-lhe a Escrita.

Escreves, Lilith. Há anos que não escrevias assim, num fluxo, como essa Douro menstrual, à mão, encharcando os dedos em sangue, rubricas, Lilith das calças brancas. Escreves como no tempo dos dinossauros, quase às escuras, na varanda do hotel, e respinga-te a água das lavadas regiões superiores, tão calma, tão boa.

SEGUNDO DIA

O PESO DA RÉGUA

O peso económico devia-se ao vinho do Porto. Desse tempo áureo, na cidade, restam marcas, muitas, e o edifício de 1756 da Real Companhia Velha, fundada na sequência das iniciativas do Marquês de Pombal para animar a agricultura, as pescas, a indústria, o comércio, as ciências e as navegações em Portugal e no "território das Conquistas", como então se chamavam as colónias. Vandelli ainda não tinha chegado a Portugal, só partiria de Itália uns poucos anos depois. Decerto se empenhou na questão dos vinhos, como deputado da Junta do Comércio. Terá vindo ao Peso da Régua? A Régua é uma terra recente, data desse tempo a constituição do aglomerado populacional.
O vinho do Porto periga, a Casa do Douro e a agricultura em geral periclitam, face a uma concorrência europeia fundada na quantidade e estandardização dos produtos, por isso no seu menor custo. Não sabe a nada a comida de supermercado. A que produzimos em casa é saborosa, mas fica muito cara.
O peso de chumbo na cabeça vai aliviando. Amaina também a dor no coração, essa sensação que Luisa Neto Jorge

exprimiu na imagem do punho apertado. Sinto-me bem aqui, num cafezinho à beira-rio, de máquina fotográfica ao lado, como qualquer turista. O quiosque para venda de bilhetes nos cruzeiros do Douro permanece fechado. São dez horas. Ah, abriu agora, uma jovem levanta a portada verde e dispõe na bancada os suportes dos postais ilustrados. Vamos lá a ver. Já fiz, há anos, um cruzeiro no Douro, entre o Porto e a Régua. Num dia de bruma, fresco, a esvair-se em chuva, as gaivotas a voarem baixo e os turistas, tiritando, abrigados no interior do navio. Um dia como este. O regresso ao Porto faz-se de comboio. É muito bela a viagem, mas só no trecho em que se vê rio, entre a Régua e Marco de Canaveses. Vamos lá a ver, Lilith, vamos lá a ver que cruzeiros são estes agora.
– Um passeio de barco, meia hora para baixo e meia hora para cima – descreve a jovem, seca e objectiva, sem grande vontade de vender bilhetes.
Vamos, meia hora para baixo e meia hora para cima dá um passeio da Régua até à Rede e da Rede até à Régua. Tiramos umas fotografias bem na água. Talvez o navio se aproxime da casa cor-de-rosa da outra margem, uma quinta sem nome à vista, apetecível na frescura que se adivinha nos seus pátios interiores sob latadas. Em geral estas quintas estão identificadas pelo nome que também figura no rótulo das garrafas. São marcas famosas de vinhos, como Sandeman, o embuçado que se ergue no topo do monte a dominar a paisagem.
Regresso ao hotel, aquece muito a rua. Falta uma hora para o barco largar, um rabelo, "Cenários do Douro", conforme informação da menina do quiosque.

CENÁRIOS DO DOURO

Leva-me pela mão, Dante Alighieri.
Leva-me a ver o teu Inferno, o teu Céu.
No teu Inferno está a maldade, no meu, o desejo do Bem.
Sai de mim, Lilith! Sai de mim, só me atrapalhas!
Para sobreviver dentro do grupo não te posso ter em mim,
a reclamar justiça, a querer a generosidade, a fraternidade,
a igualdade, a invocar a liberdade! Não posso ter em mim ânsia de solidariedade,
de amor aos outros, não posso querer mais alto,
a educação, a instrução, a cultura, os bens
intelectuais para todos.
Não posso ter em mim lampejos de arte,
essa forma de conhecer
que me faz encontrar-te num esquife de água, Dante.
A tua comédia divina inverteu-se neste mundo,
recebe prémios o mau e o homem probo é condenado.
Sai de mim, Lilith! Sai de mim!
No meu Inferno está o Bem, no meu Paraíso
vivem aqueles que querem
que respeite e ame: os ladrões, os perjuros, os traidores,
os que magoam os animais, os que violam crianças,
os que destroem património protegido,
e querem que eu subscreva guerras,

e bombardeamentos sobre cidades
e querem que eu diga sim à cobiça, a mais torpe
ignorância,
e querem que eu me dê bem com o roubo,
a ofensa, a crueldade, querem que faça como os outros,
que põem a mesa aos trabalhadores e não lhes dão
a comer o mesmo prato
que os patrões comem, e nem direito
lhes concedem a guardanapo,
mas a mim, Dante, é que condenam,
sobre mim é que recai a cólera
dos invejosos, dos avarentos, dos que nunca
dão nada de graça,
nem afagam, nem beijam,
só sabem olhar para o que trago calçado, e para o que digo
e para o que
como e trago vestido – e ó cúmulo! Até reparam
naquilo que escrevo.
Dante, dá-me o teu Inferno, é melhor que o meu
Paraíso.
Sai de mim, Lilith! Vai à tua vida, exila-te na pátria,
esconde-te para que ninguém leia,
quem te lê sofre choques eléctricos
e nos pesadelos é chupado por lampreias.
Eu, que sou esquife de água, este rio de dor,
eu é que estou errada, eu é que transporto
em mim as penas infernais,
a mim é que querem coser os olhos com arames
para que não veja,
a mim é que querem entupir os ouvidos com cera,
para que não oiça,

a mim é que querem selar a boca com uma lápide
para que não fale. Sou barco no Douro, Lilith.
Vai-te, para que no porão se faça o vazio
e não sofra.
Aproveita, vai-te embora, não me canses mais com
as tuas corridas para cima, não me canses mais
com os teus acessos de cólera.
Sai-me pela boca, Lilith, vai-te embora para
o céu ou para pátria mais remota ainda.
Sai-me pelo ânus, se preferes os caminhos tortuosos,
mas vai-te embora.
Ou deixa-te vogar como Ofélia entre flores à tona de água.
Não vejas, não cantes, não oiças os lamentos
das almas condenadas,
sê pedra, sê tabula rasa, sê como eles, repara: aspiram
apenas a viver bem, a bem vestir e a bem parecer.
Não queiras ser, Lilith! Livra-te da alma, livra-te
da identidade e
do sujeito, livra-te do mau génio, apaga
a lâmpada, Lilith!
Neste mundo em que o máximo valor é o Zero,
apaga-te, vai para a Argentina discutir niilismo
com o Oscar Portela, Tritão que leu todo o Nietzsche,
e Derrida, e Hegel, e Kant, e Heidegger,
e todos os filósofos desde os pré-socráticos,
vai ter com o teu amigo, embarca no esquife do abismo
e descanta com ele as maravilhas fatais
da nossa impotência e esterilidade.

O BARCO RABELO

A bordo de um rabelo transformado em barco de turismo,
aguardo.
A bordo de ti, aguardas.
Aguardamos um grupo maior que o nosso – tu e eu,
Lilith –, segundo o comissário
de bordo, ou como se possa melhor designar, um rapaz
louro com ar inglês – ou *gay*, sei lá.
Em suma, aguardamos um grupo de 13 pessoas.
Nem mais, nem menos, nem aproximadamente: 13 pessoas,
certas, exactas, menos no cumprimento do horário.
A água vem sulcada por cardumes carnívoros de peixes
que até podem ser fitófagos,
não me atrevo a dizer que pertencem à família
Cyprinidae,
só lhes vejo a boca aberta à tona de água,
como se viessem tomar ar.
Parecem achatados, nada têm que ver com *Barbus*.
E as 13 pessoas exactas?
Já passa imenso da hora de partir e estamos sós, Lilith,
sozinhas num rabelo *gay* com ar de turista inglês,
ou vice-versa, o rapaz, de tão português, não se deve
ralar nada com os teus pensamentos.
Incomodam tantos peixes, são toneladas deles, não resisto
e chamo para eles a atenção do inglês com ar de comissário,
a camisinha branca, gravata, uma âncora bordada algures,

e os inevitáveis galões dourados.
– Toneladas é dizer pouco! – reage o *boy* com ar de barco
rabelo, – são uma praga, estas tainhas, e no Porto,
então, nem se fala!
Ainda por cima, não servem para comer!
– Tainhas?! As tainhas não servem para comer?!
Ficas entregue às tuas dúvidas, Lilith, sabes lá
a que tubarão chama ele tainha!
Nomes científicos, que te diriam?
Liza parmata: Tainha-de-boca-grande...
Pode ser uma espécie da Malásia...

"Temporal and Spatial Variations in Fish Catches
in the Fly River System in Papua New Guinea and the..."
Isso, é um *link*, vai ver...

Treze pessoas atrasadas num grupo maior que o nosso,
já o comandante veio pedir-te desculpa, Lilith...
Desculpemos, são portugueses
atrasados...
Nem para um passeio de barco, um cruzeiro no Douro...
As tainhas, se não forem bogas ou bagres, parecem
querer comer o navio... Aquelas bocas devem estar
cheias de dentes...
Cuidado, Lilith, não te debruces da amurada, há piores
monstros que o Adamastor. Ainda te devoravam,
com mala, sapatos, esse boné
argentino a dizer "Iguazu", mais os pensamentos
alquímicos.
O que serão estes peixes vorazes? Dou o meu
reino pela identificação.

Identidade, nada de mais crítico nos tempos que correm.
A crise do sujeito ataca de imediato a identidade.
Garantir que a obra de arte não tem autor
é uma agressão directa ao sujeito
e à identidade deste mesmo sujeito de escrita.
Não é verdade, Lilith?
Será apenas teórica a questão?
Chateia os autores, chateia quem diz eu e tu, Lilith,
chateia imenso quem escreve, quem pinta, compõe
música, e já a chateação profunda nega que o problema
seja só teórico.
As invenções teóricas chateiam.
Estou muito chateada, Lilith.
Tenho andado amargurada, neura, e agora os 13
indivíduos que
constituem o grupo maior que o nosso não
aparecem.
Terão tido algum acidente?
Onze e vinte e cinco, o barco devia ter largado às
onze.
Eis que o atrasado grupo se prepara para embarcar.
Tudo pessoas com identidade diferente,
uns gordos, outros magros,
etc., avancemos. Todos eles idosos,
excepto uma rapariguinha vestida de branco,
que erguem agora nos braços
para a meter no barco
depois lhe terem transportado em braços
a cadeira de rodas.

ZOOM, ZUUUUUUUM, OU DO AMOR

Onde foste, Lilith?
Deixaste-me tão à distância
que só com binóculos te consigo vislumbrar.
Voltas, em passo de tele-objectiva,
lento *zoom* desde os Infernos
erguida por tremenda grua
tal o teu peso de chumbo, a gemer e a perguntar:
– Escrever para quê? A quem interessa um discurso
centrado no sujeito, movido pela emoção,
conduzido pela busca de uma perdida ou
inconquistada identidade?
Aos que amam? Interessa aos que amam? Interessa
aos que fazem política
e agora, por exemplo, entre Israel, Líbano, Síria e
Iraque, arrasam quantos sujeitos podem
sem destrinça de identidade nacional,
etária, civil, nem sexual?
Interessa cultivar estas maçãs?
Pergunto, eu, a Serpente,
eu, o Demónio entrelaçado nas árvores da vida e
da ciência, pergunto se interessa preservar
a identidade de coisas como
serpentes e maçãs,
se interessa alguma coisa respeitar

sujeitos como Eva e Adão,
ou, mais importante, se interessa respeitar os
direitos de autor dos seus criadores.
Devem ter sido vários, não é verdade?
Sim, querem que seja Deus o Criador e não
uma pessoa qualquer?
Pois também pode ser isso, um colectivo de deuses
a escrever os
textos bíblicos. Que valor merece o monoteísmo?
Perguntas, Lilith, que valor tem o monoteísmo?
Porque é que o monoteísmo há-de ser mais valioso
ou verdadeiro que Hollywood
ou que a Ilha dos Amores?
O amor não passa de química, baba-se a ciência
em toda a sua cagante sapiência.
Como se o amor fosse apenas cama, suor,
maus cheiros,
o corpo esmagado debaixo de outro,
a perna em má posição
chiça! Um lamento de dor,
a carne alienígena enterrada na nossa
a exalar cheiros a dente podre para
dentro dos nossos sentimentos,
a emoção a desviar-se para longe da repugnância,
vira-te para lá que me estás a sufocar............
Como se o Amor fosse isso mais os seus resultados
sintéticos: embriões a quererem ser gente,
aborto, doenças venéreas,
a questão social a rodear as consequências
num abraço de reprodução fatal,
não dos indivíduos, sim

dos esquemas ideológicos, dos paradigmas,
dos preconceitos,
dos valores ao nível da cama, do estômago,
da conta bancária, e da reiteradamente
infinita transmissão dos genes.
É isso, o amor? Carne e transa, comércio
de material genético? E o outro, o Amor?
O amor de quem escreve e nunca viu
aquele a quem escreve,
o amor de quem tecla e nunca
percebeu as feromonas de quem lhe responde?

O amor de quem reza e sabe que Deus não tem face
Deus não é representável
Deus não tem imagem com a qual
se possa adormecer e acordar
Deus que se deseja
quando a crença é um suporte
de consciência inutilizável
quando a fé recua para os confins
do Nada – o bastião de reserva fica sendo o desejo.

Por isso, Lilith, quero livrar-me da dor
sem ir parar ao Nirvana................................

Esse amor que não tem olhos
ou tem, mas não vê o evidente, sim o que
demora mais além........
Esse amor, Oski III, que não sente perfumes,
ou sente apenas os cheiros metálicos
do computador............................

Esse amor que dizes sentir, Tritão, pela tua deusa,
e que deusa é ela, que já me esqueci?
Que importa?
Esse amor sem quem e sem porquê
que mexe contigo, seja ela ou não a tua Deusa,
na distante corrente, esse amor
que desencadeia em ti o motor da escrita
e te eleva do abismo como um facho encandeante
para anunciares que após a tragédia
virá a aurora banhar-nos numa bênção de renovo,
esse amor é mais violento e criador
que o caldo de substâncias bioquímicas a que a ciência
reduz o amor
e do qual resulta apenas ou Nada ou reprodução.

Reprodução infinita das imagens,
Walter Benjamin

Más nada decidirá tampoco con respecto a aquello que buscan desesperados los poetas: una aurora, la aurora primigenia en donde nada tiene ya un "telos", una finalidad, ni ninguna ética un "arjhe" (un arquetipo) pues quizás al mortal solo le quede a aquello de repetir con Rilke – o con Eckardt – "la roza florece sin porqué".
Una estrella que marque otra vez una madrugada. Pero para ello necesitamos no dormir y "ver" allí donde crece "el peligro" porque solo "allí crece también la salvación".
Oscar Portela

Os vivos fazem muito barulho, Dante Portela.
Atroa o seu zuuuuuuuuum-zuuuuummmmmmmm,
a respeito de tudo e de nada

a respeito do que julgam conhecer e não conhecem,
como o Amor......................
Os vivos são o perigo
quando as nossas almas vogam
trânsfugas
de um para outro lado do rio,
depois de pago a Caronte o devido óbolo.
Os vivos não conhecem o valor do silêncio,
nem conheceriam se tivessem lido Hölderlin,
os vivos são o perigo.
Os vivos deviam estar no Inferno por falarem demais
e sempre no mesmo registo
de máquinas de calcular,
por não saberem estar calados um momento,
nem quando as mimosas pesadas de orvalho
abrem as persianas da aurora.
Os vivos deviam purgar-se entre Inferno e Céu
por só desejarem que os próximos em tudo os imitem,
desde o vestir ao cagar,
como se fossem modelos – de virtude, disto e daquilo –,
ideais mais do que platónicos na caverna
de frívolos paradigmas.
Os vivos não respeitam o silêncio do ouro,
não conhecem as rosas de névoa,
confundem com diálogo a sua incontinência verbal,
e apesar disso, Dante Portela, gabam-se de ter casa
no Monte do Paraíso!
Nós, os poetas, vivemos no abismo do Inferno!
A alma que aqui em baixo foi frustrada
não encontrará repouso, nem no Orco,
mas se no teclado lograr o que mais amo

e santifico, a Poesia,
então sorrirei satisfeito
pois, um dia apenas que seja,
terei vivido com os deuses – e isso basta.
(mais ou menos Hölderlin, escrevendo às Parcas,
assinas, Oscar Portela).
Basta um minuto com os deuses, Hölderlin Portela,
para ganhar a vida
basta ter por momentos enlaçado
a Poesia.
Sinto o coração mais pequeno do que uma abelha
ao ver-vos, de mão dada, a caminho da aurora,
Lilith e Oski III,
de mão dada, seguis, silenciosamente,
pelas esferas e círculos dos sucessivos
céus da Divina Comédia,
essa alma pátria que vos é exílio,
tropeçando em vírgulas, Donatis, *puntos* de interrogação
invertidos no início das frases, Vandellis,
Romeus,
e uma esplendorosa criança amada
à distância, sem o apelo das químicas substâncias,
uma criança feita de luz e sombras,
chamada, a Toda-Nova, como o Amor,
ou Deus – sem nome, nome simbólico nem heterónimos –,
Inominada.

JARDINS SUSPENSOS

Respira, Lilith. Respira fora do colete-de-forças
dos obsessivos pensamentos.
Essa ira que vai e volta, essas palavras mastigadas,
engolidas, regurgitadas e de novo nos dentes,
como raciocínios de bovino.
Olha os peixes, de boca aberta.
Essas tainhas, se te apanhassem na água,
chamavam-te um figo.
Distrai-te, fixa a mente em qualquer ponto inócuo,
os peixes? Pronto, seja, medita nos peixes.
Os mais comuns no rio, outrora, eram as bogas,
os escalos, os muges e as enguias.
Constituíam parte substancial da dieta
das populações ribeirinhas.
Ouviste a rã? Lilith, na noite acenderam-se as estrelas
e o ar escalda.
Ouve-se um fragor ao longe, vamos
ter teeemPEsTTTade..................
Outras espécies subiam o Douro para fazerem a desova,
caso do sável e da lampreia. Não tentes pôr as mãos
na água! Esses peixes de boca aberta estão mortos
por te ferrar uma dentada!
O ar avinha e baixa, esse tecto de uva mourisca.
Um rasgão no negrume anuncia o raio,
baixa a cabeça, Lilith, baixa a cabeça,

ele dirige-se para aqui e estala já o trovão
como se estivesses em África no vórtice de um tornado.
O esturjão também aparecia no rio. Com as ovas
confecciona-se o caviar. Hoje o rio é pasto de tainhas
e de turistas.
Dos dois lados, pendem, como jardins suspensos,
bardos sobre bardos sobre bardos de malvasia fina.

A PISCINA

Andam crianças na piscina, os adultos alapam-se
como sardões
nas espreguiçadeiras
cultivando amorosos cancros de pele
sob os oleosos protectores solares.
Vistas do alto e de mais alto ainda, dos aviões,
entre os desenhos do ordenamento territorial, traçado com régua,
esquadro e compasso,
e muitas chapas na estrada a assinalar o quilómetro 33,
as piscinas piscam na paisagem o seu olho azul
de artistas de cinema.
Muito colorida a água da piscina, muito
agitadas as crianças e lerdos os adultos espreguiçados
no dorso verde de sardões
imóveis sob a claridade que entenebrece.
Imóvel, no azul já opaco, levanta-se uma Luz
de filigrana fria.

"A Piscina". Que acontecia, no filme?
Nunca mais se viu, o filme.
Apenas recordas a actriz de carita engraçada
que deve ter morrido de dor
quando o filho se deixou trespassar pelas
espadas do portão de casa; caiu com todo o seu peso

sobre o faqueado de ferro.
Recordas-te disto, Lilith? Ou será mais uma partida que te prega a imaginação?
Ela, a jovem da piscina em filme francês, de Jacques Deray, com Alain Delon, e Jane Birkin em personagem adjuvante, era Romy Schneider, a querida Sissi.

AS CORTINAS

Não gostas de levantar obstáculos à claridade.
Queres luz, mais luz,
Como Goëthe, queres o céu pintado
Com rubricas
Retiradas dos túmulos do Vale dos Reis.
Queres vogar no Nilo
Feita uma ave pernalta
Ou uma tamareira reclinada sobre almofadas
De verdura – *Phoenix reclinata*......................
Queres um pincel para escreveres com tintura
Vermelha para a eternidade...................

Mes doigts ne savent plus tricoter les mots
Sur le clavier de l'ordinateur!

– lamenta J.-C. Cabanel,
O teu amigo anarquista.
Falta-lhe luz, o reactor da emoção.

Deste-lhe um grito, mostraste
A lanterna de mão
E ele reagiu logo, o teu amigo
De Lille:

Mes doigts

Ne savent plus
Tricoter
Des mots
Sur le clavier de l'ordinateur
Aussi
Mes pensées
Qui sont prudes
Faute de pouvoir se vêtir de mots
N'osent sortir
Nues
Du volcan de ma tête
Du tréfonds de mes tripes
Pour se donner à voir
À lire
À écouter
Saltimbanques
D'une nuit sans fin
Elles dansent la sarabande du silence
Dans le jardin de ma solitude

Não gostas de cortinas nem de reposteiros, Lucy.........
....
Lucy in the Sky with Diamonds.
Lucy desenterrada num recinto paleo-antropológico
Do Grande Vale do Rift, na Etiópia.
A luz da Terra, a luz que vem do abismo,
Dos ossos dela, a milhares de quilómetros de profundidade.

Lucy in the Paradise with Lilith...

AS QUINTAS

Podiam ser sextas ou sábados,
As quintas que se empoleiram nos socalcos
Em uma e outra margem do rio..................
Foges com o rabo à seringa................
Não chegas à catarse, Lilith.
Ou estarás a guardar para a boba
O pus, o enxofre e a bílis?
Tanta toxina tresmalhada............................

Telefonou de Cádiz o Enrique Wülff
A agradecer-te o "a_maaar_gato"
E a perguntar se tens mais poemas sobre
Budismo...
Lilith, tens de aprender a subtrair-te à dor
Sem passar pelas técnicas
De eliminação do desejo.

O Budismo, Enrique, constitui
Uma referência, vinda
Da árvore, a Figueira-dos-pagodes,
Ficus religiosa, sob a qual, reza a lenda,
Buda recebeu a iluminação.

A boba, a Miguéis, em cuja boca
Tens de pôr sapos e ratos

Com a força vicentina
De um pranto da Maria Parda.
Embebeda-a, Lilith!
Embebeda a Miguéis.........................

Não, não precisamos de drogas,
Álcool, violência, chicote na espinha,
Pimenta, noz moscada e canela, não
Precisamos de nada disso,
Somos tóxicas *quantum satis*,
E do que somos nos alimentamos e inspiramos.

Reis pedófilos pederastas
Por baixo de histórias de amor eterno
Lindas como vogar num barco de seda no Adriático
Com chamas erguidas no veludo nocturno
Tecidas com a cabeleira de Inês

Reis boçais príncipes gagos
Com maneiras brutais
E gosto pelo assassínio
A que chamam justiceiro

Os caldeirões de Pêro Botelho
Aguardam a Miguéis
Para a cozinhar com arroz de Pedro
Inês e Afonso IV

O MITO DA MATÉRIA

Nunca se satisfaz, a Matéria.
Nada a contenta, a tudo põe defeito.
Viciada na economia, contém-se, escolhe,
entre dois instrumentos,
o que lhe dá mais gozo – a miséria.
Há um encanto irresistível
na casita arruinada na floresta,
desde que a chaminé deite fumo
porque o maior conforto humano
aninha-se à lareira do estômago.
Por isso a Matéria ama o fumo que se ergue
da casita isolada
no meio da floresta
porque anuncia pote ao lume e a quentura
do forno.
A Matéria ama a pobreza, poupa água, ar, terra,
fogo,
apaga a luz, na escuridão da casita
perdida na floresta,
bate com a cabeça nas paredes
por poupar até as fezes.
Árdua, difícil, desespera os humanos, a Matéria.
Vive entre a boca e o terço
e entre o terço e as pernas, e entre as pernas
e as portas. Escancaradas, para arejar a casa,

nas manhãs geladas, em que os campos
são de vidro e a água cristaliza
por força da temperatura inferior a
zero graus centígrados de lágrimas.
A Matéria derrete de gozo
como barra de chocolate na língua com o sofrimento.
Sentiu o martírio, foi flagelada, habituou-se a isso
como outros à droga ficam vinculados.
Ela é a grande onda maternal,
o tsunami do auto-sacrifício
na ara de deus nenhum
que o oceano consegue dividir de lado a lado
e o mito erguer na pira do valor máximo – Zero.
Como os animais que os filhos escorraçam
em chegando à idade de caçar
para que se afastem do seu território
e busquem o próprio
ela é implacável, a Matéria.
Encosta o filho à parede,
cresce para ele fingindo encolher-se
e destrói, destrói tudo o que ama
com as palavras.

DO LIVRO DOS MORTOS

Na véspera de eu ser iniciada
Receando qualquer percalço físico
A mim mesma repetia
A tão nítida chapa fernandina
À mingua de modelo verdadeiro:
Neófito, não há morte!
Sim, porque o carvão não é inofensivo
Faz fagulhas, o lume crepita a vermelho e azul
Sobre o veludo negro da morte
E o sangue mostra os dentes, seja em fio ou borbotões
Enfim, pensava, à falta de outro conforto
Que o neófito não morria, e não morre realmente,
Apesar de, defunto,
Ir vogando entre flores num caixão cheio de luzes
Como dos barcos ao longe
Dos barcos ao longe carregados de flores
Fala esse outro lampião, Camilo Pessanha.
Na véspera de eu ser iniciada, temia,
Para enganar o terror, sujar a melhor roupa
A cavar a minha própria sepultura
Em terra húmida, de lama esverdeada,
E a nela me deitar ao comprido, como quem à cama
Regressa, depois de nela ter nascido.
Sim, porque não é fútil o carvão
Ele queima e deita faúlhas

E no petiscar vermelho e azul da sua chama
Dormem lobos maus de negro sorriso.
E então eu pensava, nesse verdadeiro raciocínio
Saído como poucos do húmus de Fernando Pessoa
Que a morte iniciática não era morte
Como realmente não é
Apesar de temer que ela me arreganhasse os dentes
Ao cavar por minhas próprias mãos a cova
Onde me deitaria
Assim a rachadora rachando lenha para se queimar
O lume acende com achas de cedro
O incorruptível – apesar de falso – *Cupressus lusitanica*
Negra lama lume lento lábios frios
Ei-la, gélida, que com mão escanzelada me levanta
E só dentes e perna de pau avisa:
Neófita, levas uma punhalada
Se não morres!
E como foi estranho e espantoso,
Lilith das calças frouxas
Representar afinal o papel de Lucy no "Ofício das Trevas"
Ali jazendo, com a lápide pesada contra o coração
A respirar com dor, ouvindo
Morta jazida num berço a vogar no Nilo
O rio que é essa fita de água estendida no deserto
Entre duas tiras verdes de tamareira
Phoenix – será Phoenix? – talvez seja, mas não a reclinata
Ali deitada, a Fénix, no negro de uma obra alheia, ouvia
O hino a Osíris, Sol que se despede e ao outro dia regressa,
Os membros decepados e arremessados para todos os
Vales e climas
Assim a minha alma estagnava na língua dos mistérios

E morria como Osíris, tão estranho, tão estranho
Não poder invocar nem pai nem mãe de carne,
O Sol pesava de encontro ao coração
Muito mais que ligeira pena de avestruz
Na balança de Anúbis
Eu era aquela morta em absoluto falecida
Que noutro mundo tão recuado para fora deste
Comezinho mundo de fetos
E urtigas confessava
Lucy também se confessa em negativo,
Lilith, não, eu não matei
Não, eu não dormi com a mulher do meu primo
Nego, eu não suspirei pelo filho do teu genro
Como outrora, a químico, a escrita trespassada
Para outro lado
Do papel se chamava negativo
Nego o que na igreja se afirma
Ao contrário, renego a mentira, não quero a hipocrisia
Nunca se cruzam as mãos, nunca
Tudo ao contrário, como na confissão
E então a lua de chifres na frente
Aqueles dois cornos imensos
A enrolarem-se de luz nas sombras da
Floresta Negra Curitibana
Ladrava de noite entre as hastes esguias
Das acácias
Manchadas de branco como caiadas
Para curar as feridas
Minha Mãe, a Lua, meu Pai, o Sol,
Como podia eu morrer à vossa frente,
Nestes paramentos negros de cima a baixo

A noite – a Noite era eu, ali despida,
E o balandrau atirado
Para o céu, fazendo nuvens, eu, morta,
Enterrada até as últimas letras
De uma estrofe interminável
Eterna Lua
Diuturnamente assassinada
Como Hiram o foi um dia
E todas as noites ressurrecta
Dessa morte que para o neófito inexiste
Minha Lua Lua ó Lua quem és, Lua?
Lua, Lua sou eu.

TERCEIRO DIA

A TEMPESTADE

Na vertiginosa corrente do Estige
Dança o barco rabelo.
De mãos dadas, Lilith e Oski III,
Expulsos do Paraíso,
Perscrutam o negrume da noite
Na amurada do navio.
Se Paraíso é este mundo de *mierda*
De que nos expulsam, Dante Portela,
Então alegremo-nos
Por os anjos *de las tinieblas*
Nos abrirem as portas do Inferno.
Por cima das nossas cabeças em labaredas
A noite de uva mourisca rebenta
Numa chuvada de vinho fino.
Douro, quantos corpos conservas ainda
No cemitério do teu leito?
O relâmpago racha a noite em duas metades
O trovão é meeedooonho.
O céu de Galileu Galilei vai-se partir.
E o outro? O outro céu, o Céu de Dante,

O céu onde mora Beatriz?
Dá-me a tua mão, Oscar Alighieri.
Ouves, Tritão?
Perdeu-se no negrume o teu amigo,
Ou quiçá trocou-te por um amante virtual...
Oski III! Oski III! Oski III!

Telín , Telin las Campanas
que anucian la nueva aurora.
Telín, Telin los cristales,
los metales y piedrillas:

en mi corazón vacio
suenan esas campanillas,
Telin, Telin los sonidos
de un río lleno de peces.

¿Como podría cambiar
a Telina por Anika?
Si ya pudise volar
a Lisboa volaría.

con el corazón latiendo
por la Estrela prometida.

Já Caronte perde ao navio o leme
Já o mastro se estilhaça
E o vento apagou as velas latinas.
Como podes ver no escuro a minha casa?
Olha para o que resta da minha pátria mental:
Um rio e barcos rabelos

Quando outrora cavalgámos oceanos!
Chegámos à Índia em caravelas
Ao Japão, ao Brasil
Navegámos na epopeia de Camões
E alcançámos o teu Rio de la Plata!
Oski III, o Inferno em que vives
Não é de todo estranho ao de Lilith.
O exílio na pátria, porque não temos para onde fugir
De nós, o rosto encoberto pelo nevoeiro
De quem sonha para além do argentino ou
Do português.
Fazemos opções que exigem de nós
Coração de aço
Tomates e passarinha de ferro.
Sem nenhuma preparação
Para santos, mártires nem guerreiros,
E ainda menos para animais domésticos,
Os guardiães do *status* mandam-nos para o Inferno.
Uuuuuuuuuufffffffffffffff!!!!!!!!!!!!!!!!!!!!!!!!
Taf-taf-taf, batem as vagas contra o cavername
Do navio. Taf-taf-tafetá...
Leva-me pela mão para a outra margem,
Aquela a que Caronte não aporta,
Leva-me até às portas da Aurora,
Dante Portela. Tritão, não sofras.
Bem sei, custa-te abrir os olhos
Na noite ferida pela radiação da tempestade.
Os carnívoros peixes aumentam de tamanho
E os dentes todos da boca ameaçam
Retalhar-nos a carne.
O medo e a repulsa crispam-te

Num botão de asco
O ânus e a vagina.
Tu, que do coração conheces o abismo
Tu, que da alma sabes quão violento é o tornado,
Oscar Alighieri,
Mostra-nos o caminho.
Que o furor abandone o coração apertado,
Que a serena alba nos toque a cabeça
Com os róseos dedos de Homero.
São falsas todas as iniciações excepto
A da tempestade na alma.
Só entrando na alma
Morremos de pavor e o dominamos,
Saindo do Orco com uma lâmpada
Nos dentes
E uma espada de fogo nos braços.
A vontade de tudo arrasar
Porque somos nós o raio e o trovão
Somos nós o Douro agitado
Entre dois planos de água transtornada.
Mas não baixemos a cabeça
A quem nos expulsa, não aceitemos sem rebelião.
Podemos não deixar pedra sobre pedra
Da casa onde agonizamos, nem um caco
Dos sentimentos hipócritas
De quem mais sente a volúpia
De mandar-te fazer isto e aquilo.................
Os novos senhores de Torquemada
Que tudo censuram e controlam
Julgando apenas conversar.
As máquinas de infinita reprodução
Das imagens-modelo.

Arrrrrrrrrffffffffffff!!!!!!!!!
Nenhum deus, Dante Portela,
Merece de nós bovina submissão!
A violência verbal a vergastar a barca
Das emoções.
Tudo o verbo dobra à sua passagem.
Um tigre nos dentes arreganhados para a vítima:
- Vai-te! Mão que me amarras aos rochedos
Para que os monstros do mar venham e
Te devorem pénis, testículos e vagina!
Lilith, o que fazes? Anjo, o que fazes?
Varres o convés dos mortos
Com uma rajada inclemente de palavras?
E a palavra salva?
Descarrega a tua fúria sobre o rio
Este Douro mais perigoso que um leão.
Mede forças com ele, Lilith,
Um braço-de-ferro com a gorda mãe
Predadora, lança-lhe um bafo de ódio e destrói
Essa matéria que sangra de vício
O vício de modelar à sua imagem e semelhança,
De frear, de pôr arreios e esporas
Em cima do cavalo alado.
Esta onda de Torquemada.
Pégaso não pode acorrentar-se
À vida mesquinha, sem Deus nem alma,
A pátria não pode ser desfigurada.

Volvió a alumbrar en la noche
la estrella que ayer perdí
cuando soplaron los vientos
que la alejaron de mí.

Adonde se fué mi estrella
eso preguntaba yó...
hacia que islas ignoradas
donde reina sobre el Sol.

Que equivocado que estaba
el que desaparecí fuí yó
sin darme cuenta en instantes
mi sonido se extinguió.

Mi estrella estaba alumbrando
ahí cerquita nomás,
titilando entre mis sueños
y esperando el despertar.

Ya tritao desperto
de su yerro y se arrojó
a bailar la danza loca
titulada lo fugas,

pues lo fugas es eterno
cuando se quiere demás.

Dá-me a tua mão, Dante Portela.
Leva Lilith ao Inferno, mostra-lhe
A grande dor. Leva-a ao Paraíso,
Mostra-lhe a alegria.
Repõe os feitos nos incorrectos lugares
Se necessário.
Qualquer ser livre tem direito ao erro.
Tudo é plágio e falso e horrendo e vazio,

Oscar Alighieri, naquilo a que outros chamam Paraíso.
Eis que da bruma irrompe a Aurora
Dos róseos dedos, Homero Camões.
Dá a mão a Lilith, leva-a pela margem de
Uma bucólica ribeira
Encantada pelo chilreio de Orfeu.
E depois ressuscita como Osíris entre os papiros nilóticos
Da única iniciação original e verdadeira – esta.

A Boba

Monólogo em três insónias e um despertador

Item mando a Maria Miguéis anã, trezentas livras.
Codicilho da Rainha D. Beatriz – História Genealógica.
Provas tomo I, pág. 227

Para a Eugénia Vasques, que pediu "A Boba".
A Autora

Lugar

Computador gigante. Em ambiente, vê-se a fachada do *TriploV*, com anúncio da peça. Ícone da reciclagem com forma de caixote do lixo. Teclado em degraus.

Figura

De Maria Miguéis, anã, sabe-se apenas o que consta na epígrafe: pertencia à rainha D. Beatriz, mãe de D. Pedro I, que lhe deixou trezentas libras em testamento. Na peça, ela é uma figura contraditória, ambígua, compósita. Diz trechos de autores que trataram o tema de Inês de Castro e comenta-os. Exprimirá no jogo histriónico e nas cabriolices o que se espera de um truão. É anã de cabeça grande e mais não é preciso para se manifestar a sua diferença anatómica. Sabe tocar instrumentos musicais, cantar, por isso pode ocupar as pausas com isso.

Acção

A Miguéis declara-se responsável por todos os acontecimentos que levaram à morte de Inês de Castro. Compara a sua anormalidade com a dos intervenientes na história de Pedro e Inês e deixa em suspenso o resultado.

Leituras

Nesta peça, citam-se, parafraseiam-se ou referem-se:
Agustina Bessa-Luís, *Adivinhas de Pedro e Inês*
Alfred Poizat, *Inès de Castro*

António Cândido Franco, *A Rainha Morta e o Rei Saudade*
António Ferreira, *A Castro*
Bocage, *Cantata à morte de Inês de Castro*
Conde de Sabugosa, *Bobos na Côrte*
Fernão Lopes, *Crónica de el-rei D. Pedro I, oitavo de Portugal*
Fiama Hasse Pais Brandão, *Noites de Inês-Constança*
Gondin da Fonseca, *Inês de Castro*
Garcia de Resende, *Trovas à morte de Inês de Castro*
Herberto Helder, *Teorema*
Luís de Camões, *Os Lusíadas*
e
Maria Estela Guedes, *A Miguéis e Inês de Crasto* – citação que abre a *Segunda insónia*. Sketch distribuído em envelope no filo-café *Inês de Castro no repertório galego-português*. À Capella, Coimbra, 7 de Janeiro de 2006. Edição TriploV, Britiande. No filo-café, o texto foi lido pela actriz Patrícia Lopes.

A Boba, terceira insónia e despertador: apresentação de Isabel Medina, em leitura encenada, ao IV Encontro de Teatro Ibérico. Évora, Teatro Garcia de Resende, 1-9 de dezembro de 2006.

PRIMEIRA INSÓNIA

A Miguéis sai do recycle bin, desce pelas escadas constituídas pelo teclado, e cai:

MIGUÉIS
Porra! Porrinha! Porrice! Isto começa mesmo bem!

(Endireita-se, solene, e vai sentar-se na tecla do CTRL. Depois requebra-se, lírica, para declamar):

"Eu era moça, menina,
per nome Dona Inês
de Crasto, e de tal doutrina
e vertudes, qu'era dina
de meu mal ser o revés.
Vivia sem me lembrar
que paixam podia dar
nem dá-la ninguém a mim:
foi-m'o príncepe olhar,
por seu nojo e minha fim."
(Garcia de Resende)

(Faz uma careta e uma cabriola e depois fica séria)

Eu era moça e menina?
Pois, pois, e bem pequenina...

E também fui de meu mal
Digna de ser o revés...

(Espreguiça-se, dispõe-se ao trabalho)

De que gostais mais?
De prosa ou verso?
De História ou de história nenhuma?
A história contada de trás para diante
Ou de diante para trás?
Posso começar pela peste negra...
Posso atacar já pela cabeça cortada
Da moça e menina
Que não é a "Menina e Moça"...
Nem uma coisa nem outra?
Quereis que me vá embora?
Isso, senhoras, meninos e meninas,
Gentis cavalheiros,
Era o que mais faltava!
Não vou, não vou, não vou!
Não quereis a Inês Pires para nada?
Preferis a Castro?
Mas isso é o mesmo que detestar fígado
E não deixar uma isca no prato!

(Humilde)

Se me deixardes,
Se baixardes a grimpa,
Se concederdes em descer do pedestal
Para ouvir uma anormal,

conto-vos a história minha...
Vá, sou para aqui um pêssego de Natal,
Uma batata encolhida,
Quase preciso de escada
Para me sentar no penico;
Quando me chego aos balcões
Sou tão baixinha que não vejo nada,
Mesmo bem empoleirada nos tacões;
Quando se enche o lagar,
Com malvasia fina
E outra mourisca, a uva bem preta,
Pelo tempo da vindima,
Aí, sim, como alcanço a lagareta,
Provo o mosto que fumega,
Em borbulhões...

(Pausa)

Como ela gostava de vindimar,
A minha querida Inês!
Lá nos vinhedos da Atouguia
Enquanto D. Pedro se entretinha
A excitar touros ferozes
E a saltar-lhes para a espinha.

Enquanto isso, querida Inês,
Agachavas-te para cortar os cachos
E lambias os dedos gostosos.
Também eu vindimei, mas direitinha.
Vantagens de ser anã:
Não preciso de me agachar

Para ir directa à uva fina.

(Pausa)

E a vós, ó multidão,
Dou-vos por onde, por onde?
Dou-vos pela cintura, meninas,
Senhoras, meninos
E cavalheiros...
Nem com andas me elevais à vossa altura,
Em matéria de cultura,
Não me exaltais à vossa sapiência,
Porém, senhoras, cavalheiros e meninas,
Eu tenho pernas, braços e maminhas,
E pelo meio uns buracos...
Um a que chamam passarinha,
Outro a que chamam olho, olho do..., olho do...
O olho do sirtato!
Como vós tendes, ora contai:
Um, dois, três, quatro...
E até esta cabeça, senhores,
Que tantas vezes D. Pedro e D. Afonso, seu pai,
Afagaram para me acalmar, ralhando:
– Miguéis, Miguéis,
Tem juízo nessa cabecinha!

Chegava-lhes às partes baixas
Que outra maior altura
Em espírito não tinham
Só curavam de dançar, e foder e assassinar...
E emborrachar-se

Quando noite e medo vinham...

Sou anã, chego tão-só às vossas perninhas...
E não vos regalais com isso?
Não é por vos chegar à foz e aos baixios
Que deixo de ter alma,
Nem por isso deixo de ser sujeito do que digo
E por tudo isto, como os outros anormais,
Também tenho direito à História.
E mais, mal vós sabeis
Que por causa minha
Recebeu morte
D. Inês de Castro.

(Cantarola; depois faz que ouve alguém perguntar-lhe o nome e responde)

Eu era moça e menina...
Eu era moça e menina...
Ai era, era... Lari, lá-laró
Menina e moça, oh! oh...
Hãã?
Per nome? Maria Miguéis anã!...

SEGUNDA INSÓNIA

Miguéis –

"Bem sabeis, Senhor, o que rezam as Tábuas da Lei: Não matarás, não cobiçarás a mulher do teu filho... Mas vós sois um danado de um mentiroso! À Igreja dizeis que sim a tudo, e pelas costas só fazeis o que vos dá na realíssima gana! Porque a D. Inês de Crasto é bela, com aqueles olhos de esperança e os dentes todos ainda... E o donaire das ancas? Mirai-me, Senhor, aquele rabo, sempre a acenar debaixo das tranças!
Ah, danado, danado sejais, Senhor D. Afonso, que fodeis a todas menos a ela. Por isso, tal é a raiva que lhe tendes, que ameaçais matá-la por intrigas com Castela. Que Castela, Senhor? Mas que Castela, Alfonsito? A dama é galega, da família. É de uma prima que vosso filho Pedro recebe cada vez mais filhos. Para quê torná-la mais família ainda, chamando-a para madrinha de D. Luís, vosso defunto neto? O amor não entreva com laços de sangue, nem com figuras, basta olhardes para mim para verdes claramente que o amor é cego, fero, injusto, cruel e traiçoeiro. Assim a mim palpais agora o cu, e me acusais de só beliscardes osso, mas já outrora me gabastes a magreza e a boca escancarada me enchíeis de beijos e carne assada dos javardos que caçais por aí!
Que o Demo vos leve para as profundas dos Infernos!

Para mim éreis cego e agora, a ela, a vêdes, e já da minha feiura vos cansastes.

Ignez, a ígnea, a cordeira, dizeis, como se fôsseis poeta como António Cândido Franco, ou como o vosso pai, o senhor rei D. Dinis. Ignez, Ignez de Crasto! Clamais por aí, que eu bem vos oiço, cheio de ardores do cio e do ciúme, bem ciente de que a dama nem é de Crasto nem de Cristo, sim de D. Pedro, o vosso filho. E ela que não se digna sequer olhar para vós, ó corno fedorento! Tem lá em casa peça mais fresca com que trrriiincar os dentes. E quereis matá-la por isso? Por mim, matai-a, de que esperais, safado de um asno? Cágado trôpego, seu jarreta careca, que já não pode com a espada! Matai-a, que mal vem daí ao mundo?
Cacarecos, estirlito de pau, nem munheca se via. Acabai-lhe com a raça, mai-la raça inteira dos Crastos, e como os Crastos são vossos parentes, continuai, continuai, ceifai também na vossa família. Acabai com as gentes todas de Portugal e da Galiza, bicho sebento, mas não digais que a galega vos traz guerra com Castela, porque isso é uma peta! As guerras com Castela travai-las todos os dias por outras razões, de família e desfastio, não por causa da dama que se deita com vosso filho, e vós queríeis era que se deitasse ali, na vossa cama..."
(Maria Estela Guedes)

(Abre os braços, desculpando)

É o terceiro autor, nos arquivos secretos do *TriploV*, a atirar com as culpas para cima de D. Afonso IV.

D. Afonso IV teria mandado assassinar a dama galega, por ciúme do filho. Como ouvistes, Maria Estela Guedes acha que sim, que Afonso IV estava apaixonado por D. Inês, mas que ela não lhe ligava nenhuma. Agustina, a cronista... A cronista Agustina Bessa-Luís também adverte que isso pode ter acontecido, o que causaria uma reviravolta na História. E já em 1956, Gondin da Fonseca proclamava que toda a tragédia se deveu a paixões e ciúmes entre pai e filho. O pai é que se tinha embeiçado por D. Inês, Pedro só dormia com ela para cegar o pai de raiva. Um brilharete de psicanálise em que D. Pedro sofria de complexo de Édipo, agravado com sadismo e necrofilia. Pois sofria, sofria disso tudo e de canibalismo ainda por cima, mas por minha culpa, eu é que...

(Faz um gesto vago e vai postar-se sobre a tecla do CTRL)

A História, diz Agustina, a cronista, é uma ficção controlada. E eu que o diga, eu que o bobe. Controla quem pode. Controla quem tem poder para que se divulgue e publique só isto e aquilo. Controla quem manda escrever cartas fundadoras, séculos depois da falsa data de redacção. Controla quem manda forjar falsas declarações de casamento, controla quem manda assentar falsos registos de baptizado, controla quem falsifica dados biográficos, controla quem inventa macroscincos, unicórnios e sereias.
Controla-se para quê? Para mandar, está visto. Para legitimar filhos, para dar direito de partilha a este ou àquele. Para disfarçar mazelas, para avisar os parceiros.

Controla-se para fazer currículo. Controla-se para ganhar, controla-se para perder o inimigo. Controla-se para revelar e para esconder.

Ah, não, não sabem nada de mim, se soubessem, outro galo cantaria. É que por detrás da morte dela estou eu... Não, senhores, não, não foi por politiquices que a degolaram. A minha Inês querida morreu por paixão.
Se soubésseis quem eu sou, se soubésseis... Não sabeis e não quereis saber, preferis o descanso da ignorância, mas eu vou contar tudo! EU SOU A CAUSA DA TRAGÉDIA, FUI EU QUEM TRAMOU TUDO!

(Pausa)

Sabei então que eu, Maria Miguéis anã, boba de corte que fui, e boba que continuo a ser, agora republicana, durmo num caixote do lixo informático, em que ratos vêm mesterricar! Sim, mas tratei por tu os príncipes, e até por primo o Bom primo Francisco I...
Bom primo Afonso IV... Anda cá, então tu, ó desmiolado, mandaste degolar o teu irmão bastardo? Argumentando que ele padecia de deficiências vergonhosas? Ora, ora, ora...

(Canta)

Dois nões como dois anães,
dois sins como dois toliões,
dois cões como dois regães,
são iguais entre si;

os anões e os gigantes
é que são todos diferantes...

E fizeste a vida negra a teu pai, D. Dinis. D. Dinis, o Agricultor, o primeiro rei a introduzir em Portugal espécies exóticas. Para fixar os areais, e para que os vindouros tivessem madeiras para construir as caravelas. Lembro-me de D. Dinis sempre que passo no Pinhal de Leiria.
Afonso, nem pareces filho da Rainha Santa. Porque é que não aprendeste com ela? Ela perseguiu os bastardos? Ela fez guerra ao marido, como tu, que a ele, teu próprio pai, perseguiste toda a vida?
Põe os olhos na tua mãe, Afonsito, põe nela os olhos e aprende a comportar-te: não trazia ela as concubinas para casa, não cuidava delas e dos filhos, cheia de misericórdia e diplomacia? Mandou ela matar as amantes do marido, como fez a tua filha em Castela, essa que Luís Vaz de Camões subtraiu ao anonimato, n' "Os Lusíadas"?

"Entrava a fermosíssima Maria
Polos paternais paços sublimados,
Lindo o gesto, mas fora de alegria,
E seus olhos em lágrimas banhados.
Os cabelos angélicos trazia
Pelos ebúrneos ombros espalhados.
Diante do pai ledo, que a agasalha,
Estas palavras tais, chorando, espalha:"
Oh, Afonso, querido pai, chega-te para cá,
quero contar-te um segredo: sabes
o que na corte se comenta?

Que tu gostas mais de mim
do que pode divulgar a imprensa...

(Muda o tom de voz)

Não, a tua mãe, D. Isabel, protegeu os bastardos e as mães dos teus irmãos bastardos. Não é realmente uma santa? E tu? Ainda hás-de ir parar aos caldeirões de Pêro Botelho! Sempre a persegui-los, invejoso, não fosse tirarem-te o trono de debaixo do cu. E não o mereceria algum deles mais do que tu?
Desgraçado, é só de sangue a cama em que te deitas. A do teu filho, então, a mais do sangue, ainda tem mijo, suor e trampa. Édipo enviesado, meu cobarde! Não tiveste colhões para cravar o punhal no peito do teu filho, tiveste de mandar os esbirros feri-lo, matando a minha Inês de Castro!
Fi de puta ruim, que não sabias quem eu era, mamarracho! Tu não viste que o teu filho deixou D. Inês desprotegida, a casa de portas escancaradas, para que os teus assassinos a apanhassem? Bruto, tão brutinho, este D. Afonso IV... Uma vez agrediu o príncipe D. Pedro, ainda criança. Por nada, foi um ataque de raiva, o puto tinha ido ao pote da marmelada. Deu-lhe um pontapé no cu, o rapaz foi projectado contra a parede, espirrou-lhe logo o sangue do nariz. A pobre mãe, D. Beatriz, minha senhora, ficou petrificada.
Aos irmãos bastardos, enquanto não tirou os bens a um, e a vida a outro, não sossegou.

(Pausa)

Ora porra, Afonso! Essas coisas não se fazem! Caraças, os irmãos bastardos são para tratar bem. Não é de boa política mandar bengalas para a fogueira, ficando depois sem *lobby* debaixo das calças.
E ao teu filho pregaste as mesmas partidas. Sempre a rainha a separar-vos, para não vos comerdes vivos! Tanto atormentaste o rapaz, em tanta guerra vos arrancastes os cabelos, que ficou gago. De noite, com os pesadelos, D. Pedro mijava na cama, e uivava como um lobo desmamado: "Ahuuuuu! Ahuuuuuu! Ahuuuu!"

(Canta com voz operática)

Aves sinistras
Aqui piaram
Lobos uivaram,
O chão tremeu.
«Toldam-se os ares,
Murcham-se as flores:
Morrei, Amores,
Que Inês morreu.
(Bocage)

TERCEIRA INSÓNIA

Miguéis –

A corte inteira, com grande afluxo até de forasteiros, devia estar na cidade donde partiu o préstito para Alcobaça; as condições da marcha, longa de cem quilómetros, entre filas de naturais das terras que atravessavam, e que empunhavam círios acesos, previam uma época seca e amena, portanto nos meses de primavera. Nunca se vira tal enterramento em Portugal e decerto no mundo.
É uma parada e não um mortório. Debaixo dos véus as mulheres trazem colares de granadas e de ametistas que pertenciam às viúvas do Salado. E riem baixo, fingindo o gesto mongo e dolorido.
(Agustina Bessa-Luís)

A batalha do Salado, a batalha do Salado! Só quiseste, como despojos de guerra, um rapazinho mouro de estirpe real. O herói da contenda, o grande rei D. Afonso IV, a dar espectáculo pedófilo nesta ilustrada assembleia. Meu *Triceratops* terciário, mas que pulha tão valente!

(Pausa)

D. Pedro mandou construir os túmulos e trasladar de Coimbra para o Mosteiro de Alcobaça os restos de D. Inês, porque eu o aconselhei nesse sentido.

Foi um cortejo de arromba, só círios eram cinco mil. Os cavalos ajaezados a rigor, a corte a marchar em peso para o filme de terror. É que nem Drácula dá tanta volta ao estômago... Ora deixa ver: morreu ela em 1355, já uns bons seis anos haviam passado...
Mandaram limpar os ossos do resto das carnes e vestiram o esqueleto com rendas, sedas e manto de arminho. Muito perfumada, e muito incenso queimado à roda dela, para disfarçar. Pairava um cheirozito... Posou muito bem, a minha Inês. Sentaram-na num trono e D. Pedro ao lado, de mãos dadas. Exactamente como eu lhe tinha sugerido. E eu aos pés deles, a contemplar. Por detrás do véu de renda que lhe cobria o crânio, via a caveira sem olhar, as órbitas vazias... O maxilar pendia ligeiramente, deixava perceber a falta de dois molares inferiores, um de cada lado. Minha querida Inês, toda de branco, parecia um anjo! Tão bela aparência impressionava bem. Nenhuma dessas mexeriqueiras de ofício poderia apontar-lhe defeito: que os sapatos eram velhos, que o vestido lhe assentava mal, ou que no cinto brilhavam poucas pérolas. Não, Inês estavas uma verdadeira noiva! A cerimónia foi um espanto, e tu, um assombro! O fedorzito é que incomodava um bocado...

(Pausa)

Depois, o rei pôs-lhe a coroa na cabeça e fez-me sinal para lhe beijar a mão. Durante um longo espaço fiquei agarrada aos ossos dela, a beijar o carpo, o metacarpo, as falanges, as falanginhas e as falangetas. Cobri-lhos de lágrimas, jurei que a amaria eternamente e tudo faria para que não fosse esquecida. A este sinal da Maria Miguéis anã, a nobreza em peso fez bicha para lhe beijar a mão também. De lenço no nariz, e de trombas maiores que as dos elefantes de Aníbal, todos subiram a nave central da igreja para beijarem a mão do esqueleto.

(Pausa)

Agustina, a cronista, experimentou todas as hipóteses, e acertou em cheio. Sadomasoquismo, o gozo na dor, o amor e o ódio! É esse o meu ceptro, é essa a minha coroa. Dou-vos gozo com o punhal da língua. E não só, e não só. A língua não serve só para bobagens, e às vezes querias chicote mesmo, Pedro, chicotezinho no lombo, a ver se o molusco enrijava! Diz que minto, ó *Tyrannosaurus rex!* Não minto, mentiroso és tu, que faltaste a vários juramentos, alguns bem sérios: o da concessão de asilo político, lembras-te? Qual quê? Mal a mamã morreu, trataste de entregar os castelhanos que tinhas prometido acolher em Portugal, e de fazer extraditar Pêro Coelho e Álvaro Gonçalves. O conselheiro Diogo Lopes Pacheco conseguiu fugir, foi para Avignon. Tanto que te avisou:
– D. Pedro, dai guarda a D. Inês, ameaçam-na de morte! Troca-tintas. Fala-barato. Aldrabãozito de merda. Até Fernão Lopes recusa dar-te mais louvores, depois de quebrada esta promessa.
E não mentiste quanto ao casamento com D. Inês? Dizem que mentiste para não teres de enfrentar o velho Afonso, mas não foi o rei quem várias vezes te mandou perguntar se estavas maridado com a galega ou se era essa a tua intenção? Porque, nesse caso, ele a honraria?

Tu que respondeste, ó Cágado-leproso? Que não estavas casado, nem era tua intenção casar com ela. Canalha! D. Afonso a honraria, apesar de a querer para ele. Andava atrás dela, não era nenhum segredo, um dia até foi apanhado a apalpar-lhe o rabo.

(Descalça-se, brinca com o sapato)

Borravas-te de medo do pai, príncipe Pedro! Tantas vezes tive de te abraçar como pude, e tu encolhias-te para me caberes nos braços; lambia-te como se fosses um cachorro acabado de parir, porque tremias, tremias como varas verdes, e os suores frios encharcavam de pânico os lençóis da cama. E como tu gostavas que te lambesse, derretias de gozo! Tanto como quando pegava no cavalo-marinho e te zurzia as costas. Só descansavas quando o sangue encharcava o tapete. Noite em que me chamasses para a tua cama era noite dormida até ao almoço, passavam-te as insónias!
Mal porém sabias tu que o teu pai perseguia a dama porque eu o incitava, porque eu lhe zumbia às orelhas, porque eu lhe dizia que D. Inês vos cortava na casaca, e que convosco só dormia porque a príncipes e reis ninguém se pode recusar... E que cheiráveis mal da boca! E que fedíeis dos pés! E que tínheis tomates de merda! E que o resto menor era que o dedo meão, nem para o olho do sirtato servia!
Em política, não sabeis vós outra coisa, uns morrem e outros são galardoados só por causa de palavras.

(Mansamente)

Pedrinho, quando querias fazer uma repreensão ligeira a alguém, não me mandavas a mim com meia dúzia de bobagens da tua parte? Se fosse coisa mais feia, davas tu uma chicotada. E se fosse mesmo muito grave, ah, mandavas degolar o coitado ou a coitada.
Não foi por causa das palavras com que te emprenharam os ouvidos que mandaste matar aquele frade, como é que ele se chamava? O coiso, o... Pronto, não me lembro... Uma mulher debaixo de tortura acusa o frade de a ter violado, o que era mentira, o frade até tinha sido seduzido por ela, e tu mandas meter o frade num cortiço e serrar o cortiço em duas metades?

(Pausa)

E daquela vez em que te vieram contar que o bispo do Porto se metia na cama de uma dama de lustro? Usando do seu poderio, o bispo tinha ameaçado de morte o marido se abrisse a bocarra. Assisti a tudo, com estes olhos que a terra há-de comer... Há-de comer, mas com calma. Morrer, sim, mas devagar, como disse D. Sebastião em Alcácer-Quibir... Pois tu mandaste o bispo vir à tua presença, fechaste-o num quarto, obrigaste-o a despir-se. O bispo em pêlo, sem nada em cima a cobri-lo, nem mitra, nem alva, nem sapatos. Entende-se a humilhação do alto prelado, o seu castigo... Mas ó Pedrinho, para que te despiste tu também? Tiraste o gibão, as botas, a camisa, ficaste só em saio vermelho... De chicote em punho, pois andavas sempre com ele à cinta, mandas o bispo pôr-se a quatro, e desatas a fustigá-lo no rabo...

(Nega com o gesto)

Não o instiguei. Não tive nada a ver com esta. Agora que a tragédia da Castro fui eu quem a causou, lá isso...
Todo tu rebrilhavas de gozo, a atirares-te ao bispo do Porto. Uma chicotada no rabo e olhavas para mim, a ver se eu também gostava. Tremias, Pedro. Até te peidaste, babado...

(Pausa)

Eu, a anã, sou exibida ao público para que se riam das minhas anormalidades. Tão pequena, coitadinha! E aquela cabeçorrinha que ela tem... E os sapatos, tão esbeiçados, tão minúsculos...
Ficais fascinados a olhar para mim. Nem sabeis o que em mim é íman que vos atrai como ao ferro, mas desprezais-me... Não sou igual a vós, não reproduzo os vossos valores, por isso segregais-me. Nem percebeis que também sou gente. Para vós, os anões são curiosidades, não são pessoas. Objectos que se exibem em frascos de formol nas secções de Teratologia dos museus de História Natural.

(Pausa)

Tantos monstros que vi na corte de D. Manuel... Viviam em gaiolas, ao pé dos papagaios e dos macacos: anões, marrecas, atrasados mentais, outros nascidos sem pernas. Mais tarde, mas isso foi bem mais tarde, apareceu aí um tipo na Alemanha que mandava exterminar a minha gente. Ah, és corcunda? Ala, para a câmara de gás! Era

para não se reproduzirem, porque os filhos dos anões podem nascer anões, e ele queria uma raça de pessoas normalizadas.
E tu, Pedrinho? E tu, Afonso? E tu, Pedro de Castela, mais Cru ainda que os teus parentes de Portugal? Tu obrigavas a tua mãe, a formosíssima Maria, a assistir às tuas execuções! Degolavas na praça pública, pelas tuas próprias mãos, e querias que a tua mãe visse, querias que ela cheirasse o vapor dos corpos mutilados, caídos nas poças de sangue!

(Pausa)

Eu sou anormal. Ah, sim, eu sou um monstro. Eu sou o Monstro, quero a Bela... A bela norma, não me dizeis onde está ela?
E sou, sou um monstro, mas não por dizer monstruosidades. Sim por estar por detrás delas. Senhores, donzelas e cavalheiros, gentis macacos e meninos, eu, Maria Miguéis anã, ESTOU POR DETRÁS DE TUDO!

(Ouve-se o estrépito de louça a partir-se)

Tudo, menos aquilo... Ah, não, não tive nada a haver com isso. Acusais-me?! Apontais-me o dedo? Por Belzebu e seus cornos de ouro, estou inocente!

(Pausa)

É, apetece-me ficar por aqui... Por mim e não por ti... Por mim, que também sou gente. Por mim, que gosto e não gosto, de ti, dela, a Inês Colo de Garça e olhos ternos de gazela, e de vós, e de nós. Dizer "eu"! Eu, o animal doméstico, eu, o *bibelot*, eu, o brinquedo de damas e de infantes. Eu, a peça de mobiliário, eu, a que se deixa em testamento aos filhos. Eu, a que se exibe aos convidados para os espantar e fazer rir.

(Pausa)

Bobos, segréis e palhaços. Somos artistas da palavra. Toda a palavra nos é permitida, dizem. Cautela, cautela... Podemos, depois de dita a palavra, ser expulsos da corte, ou vítimas de mor tormento ainda. Eu tenho a liberdade de tudo dizer aos que o meu amo odeia, mas cortam-me a garganta, se não cumprir a mortífera função tal como ele espera.
Cago nela! Metam-na no..., metam-na no olho do sirtato, a vossa liberdadezinha de expressão!

(Pausa)

A rainha D. Beatriz, mulher de D. Afonso IV, minha antiga senhora, deixou-me trezentas libras em testamento, o que prova o quanto me estimava. Eu tinha-lhe sido oferecida por D. Pedro, que não quis mais mulheres em casa depois do casamento com D. Inês. E atentai, senhores, meninas, donzelas e cavaleiros – casamento houve só um, depois da morte dela. Casamento foi quando a trasladaram para Alcobaça, e como estátua jazente ficou reinando, a Colo de Garça... Casamento com Inês foi só esse, embora Agustina, a cronista, fale de bigamia, e mesmo de trigamia, por D. Pedro ter casado com Inês antes de Constança...

E já antes, aos oito anos de idade, o Pedrinho se casara com Branca de Castela, uma acéfala. Uma anormalzita, rejeitada depois de consumado o matrimónio. Aos oito anos! D. Pedro tinha oito anos e garantem-nos que consumou o matrimónio! Com aquele supositório, ou com aquele molusco, isto se não foi com a pena dos cronistas que o casamento com Branca de Castela não ficou em branco...

Não, dessa vez não tive culpa nenhuma. Credo! Nem vi, não estava lá. Por amor de Deus... Como queríeis que forçasse um catraio de oito anos a..., a... Não, dessa tramóia estou inocente!

(Pausa)

Foi depois desse tal consumado casamento, que vivi com D. Pedro. E depois com D. Pedro e D. Inês. Morávamos na Atouguia, lá para os lados de Peniche.

Ouvia-se o bichanar das rezas pelos cantos do paço, à noite. E o piar das corujas, e o coaxar trincante das rãs, na margem das ribeiras. Às vezes iam frades entreter-nos com a leitura de histórias santas. Na Primavera, apareciam os trovadores a declamar cantigas de amor e de amigo. E de escárnio, e de escárnio! Quando calhava virem bailadeiras, músicos e segréis, D. Pedro deixava-nos com eles e recolhia aos seus aposentos.

Como eram boas as noites na Atouguia! A minha Inês bordava tapeçarias a ouro e D. Pedro acariciava a podenga que no dia seguinte levaria à caça do urso e dos perdigões.

Foi na Atouguia que D. Inês me ensinou a ler e a escrever. Mas oh! Senhoras, cavalheiros e meninos! Os livros ficavam tão alto, tão alto, que deles só alcancei as notas de rodapé!

(Pausa)

Por morte da rainha D. Beatriz, voltei à casa de el-rei D. Pedro, e por morte de el-rei D. Pedro ia ficando eu, Maria Miguéis anã, desempregada. Graças a Deus, tive a sorte de ser recolhida por Teresa Lourenço, uma galega com quem D. Pedro se tinha amantizado logo que D. Inês morreu...
Nos aposentos de Teresa Lourenço ensinei eu a ler e a escrever o filho dela e de D. Pedro, o Janica... Lembro-me tão bem do Janica, tão travesso, era mesmo endiabrado, o rapazito! Com uns olhos brilhantes como dois carvões em brasa. E quem diria? Pois o bastardo do Janica veio a ser dos reis de Portugal mais importantes, D. João I, Mestre de Avis!

(Pausa)

De então para cá tenho sofrido reveses e períodos de boa fortuna. É como calha. Assim atravessei os tempos, de D. João I a D. Sebastião, de D. Sebastião ao Ultimato, e do Ultimato ao fim da monarquia. E pelo meio lá tive de gramar os séculos de Inquisição...
Na República recolheu-me um gajo simpático de Coimbra, Rosa de Carvalho, naturalista carbonário, que a outro carbonário me deu, Luz de Almeida.

De cambalhota em cambalhota, e de chiste em chiste, vim parar aos ficheiros secretos do *TriploV*. Muito tenho aprendido no *TriploV!* Tenho lido o que nunca esperei ler acerca dos meus antigos amos, D. Pedro e D. Inês!

(Ouve-se o estrondo de uma queda, a Miguéis presta atenção, depois nega com um gesto que tenha sido ela)

Bem se vê que não me conhecem. Se conhecessem, saberiam que foi por minha causa que D. Pedro ficou surdo. O que os cronistas escrevem, valha-me Fernando Lopes Graça! Um francês, Poizat, jura que aquele pedregulho tinha bom ouvido e que apreciava muito os instrumentos musicais.
Hahaha, D. Pedro! O epiléptico, o gago, o cego, o surdo, o quase surdo-mudo!

(Faz voz de homem, e gagueja discretamente)

Je t'embrasse, Brito, pour avoir, cette fois,
Si bien parlé du son musical de sa voix.
Mais tout chez elle, tout, créature bénie,
La démarche, les yeux, la voix, n'est qu'harmonie,
Et son silence même est parfois si touchant,
Qu'il a la résonnance et le rythme d'un chant.
(Alfred Poizat)

(Ri-se)

Todos sabem que D. Pedro não suportava a música. A música dava-lhe dores de cabeça, e não era só a pimba.

Instrumentos musicais, não os tolerava. Excepto as longas. Disso, sim, gostava. Tinha mesmo os seus trombeteiros favoritos, João Mateus e Lourenço Paulo, que o acompanhavam nas caçadas e em forrobodós nocturnos.
Numa daquelas suas noites de insónia tenebrosa, noites em que, nem embalado, eu o conseguia adormecer, D. Pedro mandou chamar o João Mateus e o Lourenço Paulo. E depois mandou chamar os criados, com archotes. Lá saiu a matilha pela noite aos urros e a dançar. Bem queria que eu fosse, que me levava às cavalitas! Ai, então estava tão quentinha na cama da Teresa Lourenço...
Foi um rebuliço. Gentes assomavam às portas e janelas, houve quem despejasse sobre os foliões os competentes penicos... Quando viram que era o rei, ficaram muito contentes...
É, o povoléu gosta de farras, de quem não olha a hierarquias. O povinho gosta de graçolas peidantes, por lhe darem a ilusão de que quem está em cima é igual a quem está por baixo. E D. Pedro também gostava de forrobodós com o Zé-Povinho, e de julgar, sentenciar e executar sentenças no meio da rua. Isso dava-lhe a certeza de que quem estava por cima tinha direito a tudo.
E mais, e mais vos digo: nessa noite, o meu senhor não dormia porque eu o tinha aporrinhado com a lembrança do Afonso Madeira.

(Pausa)

O Afonso Madeira era seu escudeiro, um bonito rapaz, ainda mal a barba lhe despontava no queixo. Atlético, bom na caça, bom a manejar a espada, louro como um astro. Ele e D. Pedro eram unha com carne, iam juntos para toda a parte. Fernão Lopes não mentiu ao dizer que D. Pedro o amava mais do que podia dizer...

(Pausa)

Só pensavam em fornicar. O quê, a quem, não interessa. Uma vez até lhes disse: – Senhores, dominai-vos! Vós fodeis qualquer buraco, um dia ainda a tranca deixais entalada na fechadura da porta!

(Pausa)

O diacho do rapaz, o Afonso Madeira, para o que lhe havia de dar? Embeiça-se pela Catarina Tosse, mulher do meirinho-mor, e mete-se na cama com ela. O marido vem logo fazer queixa ao Justiceiro.
– O que hei-de fazer? O que hei-de fazer? – soluçavas, de cabeça enterrada no meu regaço.
– Corta-lhe os tomates, Pedro! – desafiei, ao ver um rei naquele estado, a chorar ranho e baba.
E não foi meu dito meu feito? Ainda os estou a ver, na praça do pelourinho. O Afonso Madeira de joelhos, o povo a pensar que o rei lhe daria o perdão, tantas lágrimas chorava! Mas não, D. Pedro seguiu a minha política. Limpou ranho e lágrimas à manga da camisa e mandou-o despir as calças. Todos viram os badalos do rapaz a tocar para a missa pela última vez. Ali, em assembleia geral, o carrasco pegou-lhe nos órgãos, e zás! De um só corte, mandou à vida os colhões do rapaz.

DESPERTADOR

Miguéis:

Gosto deste rei louco, inocente e brutal.
[...]
— Senhor, agradeço-te a minha morte. E ofereço-te a morte de
D. Inês. Isto era preciso, para que o teu amor se salvasse.
— Muito bem, responde o rei. — Arranquem-lhe o coração pelas
costas e tragam-mo.
(Herberto Helder)

(Pausa)

Um desatino, volta e meia enganava-se, não distinguia qual delas estava na cama. Tantas vezes se abraçou a mim a chamar-me Inês! Uma noite, estava eu deitada com D. Constança, atirou-se a ela a chamar-lhe Miguéis.
Uma cegueira, ele era cego, não percebia as diferenças. Verdade se diga que as noites se punham muito escuras no paço, ainda não havia luz eléctrica.
Foi por isto que Fiama Hasse Pais Brandão escreveu a peça de teatro *Noites de Inês-Constança*. Inês e Constança são uma só, D. Pedro nunca sabe com qual delas está. Como se dissesse:
— De noite, todas as gatas são pardas.
Para os homens, claro.

E até de dia.
Depois da morte de D. Beatriz, D. Pedro não quis mais mulheres na sua cama. Nem a mim! Trasladou Inês para Alcobaça, casou com ela depois de morta, e ficou-se por ali. Fiel como um cão, mas mais capado que o Afonso Madeira.

(Canta)

Vamos à feira, vamos à feira
Cordeirinha comprar!
Olha os tomates de cá,
Dlim-dlão!
Olha os tomates de lá
Dlão-dlim!
Olha o coelho, olha os miúdos
Plim-plão!
Ai, coração, coração
Que me gustas temperado
Com alho, salsa e limão!

(Pausa)

Álvaro Gonçalves tinha-se farto de avisar: – D. Pedro, D. Inês corre perigo de morte! Olhai que está para amanhã! Mas eu tinha-lhe dito: – Deixai-o matar a galega, assim ficais com razão para vos queixardes das atribulações em que vos põe o vosso pai! Agi com sabedoria, e ainda lhe dá um flato que ele cai da cadeira! E subis vós ao trono.
Foi por isso que D. Pedro saiu para a caça e deixou Inês sem protecção.

(Pausa)

De madrugada, acorda-nos o tropel dos cavalos. D. Inês pega em mim ao colo para irmos ver à janela. No pátio, lá estavam os assassinos. Nem rei, nem Diogo Lopes Pacheco, nem Álvaro Gonçalves, nem Pêro Coelho. Isso foi o que eu disse depois a D. Pedro, quando me perguntou quem tinha morto D. Inês. Escolhi os homens mais nobres e honrados da corte. Todos fingiram acreditar, porque lhes convinha.

(Pausa)

D. Afonso IV mandou mercenários, de rosto coberto. Levaram-na de rastos para cima da cama, ela gritava pelos filhos, gritava por mim: – Miguéis! Miguéis! Acode que me matam sem porquê!
E eu acorri, mas que podia fazer? Só chegava às pernas dos bandidos.

(Pausa)

Corri o país todo com el-rei, ele não parava em lado nenhum. Estávamos então no paço de Santarém. Aconselhei-o a marcar a execução para a hora de almoço. Víamos assim o que se passava na praça do pelourinho e todos os que estavam na praça nos podiam ver a nós, enquanto comíamos.
Atrasava-se a execução, e o almoço também. Por isso eu disse:
– Tenho fome!

El-rei chegou-se à janela e gritou para fora:
— Preparai-nos esse coelho, que temos fome!

(Pausa)

Pêro Coelho, de mãos atadas atrás das costas, respondeu ao rei:
— Vós sois à fé perjuro, algoz e carniceiro dos homens!
— Muito bem, respondeu o rei. — Arrancai-lhe o coração pelas costas e trazei-mo...
Assim foi feito. E lho trouxeram, num prato. E el-rei pegou nele com as duas mãos e trincou o coração de Pêro Coelho.
— E agora, recomendou o rei: — Arrancai o coração de Álvaro Gonçalves, mas pelo peito. E queimai os corpos. E assim foi feito.

(A Miguéis sobe os degraus do teclado e desaparece no *recycle bin*)

BIBLIOGRAFIA DE MARIA ESTELA GUEDES

Herberto Helder, poeta obscuro. Lisboa: Moraes Editores, 1979.
SO2. Lisboa: Guimarães Editores, 1980.
Eco, pedras rolantes. Lisboa: Ler Editora, 1983.
Crime no Museu de Philosophia Natural. Lisboa: Guimarães Editores, 1984.
Mário de Sá-Carneiro. Lisboa: Editorial Presença, 1985.
O lagarto do âmbar. Lisboa: Rolim Editora, 1987.
Ernesto de Sousa. Itinerários. Lisboa: Galeria Almada Negreiros, 1987.
À Sombra de Orpheu. Lisboa: Guimarães Editores e Associação Portuguesa de Escritores, 1990.
Prof. G. F. Sacarrão. Lisboa: Museu Nacional de História Natural/ Museu Bocage, 1993.
Carbonários: Operação Salamandra: Chioglossa lusitanica Bocage, 1864 [em colaboração com Nuno Marques Peiriço]. Palmela: Contraponto, 1998.
Pipxou, caixa de arte. Co-organização e participação. Primeira exibição em 1987, Museu Nacional de Arte Antiga. Participação em segunda exposição, com catálogo organizado por Irene Buarque, *Livro de Artista*, Lisboa, Sociedade Nacional de Belas Artes, mai.-jun. 1998.
José Álvares Maciel, romântico e naturalista. In: ARANGO, Diana Soto; PUIG-SAMPER, Miguel Ángel; GONZÁLES, Maria Dolores. *Científicos Criollos e Illustración.* Madrid: Ediciones Doce Calles, 1999.
João da Silva Feijó, naturalista brasileiro em Cabo Verde. In: *As Ilhas e o Brasil. Região Autónoma da Madeira*, p 509-524, 2000. Em co-autoria com Luís Arruda.

O gaio método. In: *Portugal-Brasil:* Memorias e imaginarios, volume II, Grupo de Trabalho do Ministério da Educação para as Comemorações dos Descobrimentos Portugueses [em colaboração com Nuno Marques Peiriço].

Discursos e prática alquímicas, vols. I e II. Lisboa: Hugin Editores, 2001, 2002. Co-organização e participação.

Lápis de carvão. Lisboa, Apenas Livros Editora, 2005. Colecção Ora e Outrora, nº 13.

A palavra perdida. Maria Salomé Machado, A. M. Amorim da Costa, A. M. C. Araújo de Brito & António de Macedo. Lisboa: Apenas Livros Editora, 2005. Colecção Lápis de Carvão, nº 1. Direcção de colecção.

Gnose e alquimia. Armando Nascimento Rosa, Carlos Dugos e Nuno Marques Peiriço. Lisboa: Apenas Livros Editora, 2005. Colecção Lápis de Carvão, nº 2. Direcção de colecção.

a_maar_gato. Lisboa: Editorial Minerva, 2005.

Ofício das trevas. Lisboa: Apenas Livros Lda., Col. Teatro no Cordel, nº 2, 2006.

A Boba (monólogo em três insónias e um despertador). Com prefácio de Eugénia Vasques. Lisboa: Apenas Livros Lda., Col. Teatro no Cordel, nº 4, 2006.

Links: entre virtude e virtual. Pedro de Andrade, Paulo Mendes Pinto & Maria Estela Guedes. Apenas Livros Editora, 2006. Colecção Naturarte, nº 3. Co-autoria e direcção de colecção.

À la Carbonara [com J.-C. Cabanel & Silvio Luis Benítez Lopez]. Lisboa: Apenas Livros Lda, Col. Lápis de Carvão, nº 8, 2007.

Participação na obra colectiva e internacional *Antologia 2007 – Poetas na surrealidade em Estremoz.* Edição da Câmara Municipal de Estremoz, 2007.

Impresso em São Paulo, SP, em novembro de 2007,
com miolo em offset 75 g/m²,
nas oficinas da Gráfica Edições Loyola.
Composto em Garamond, corpo 13 pt.

Não encontrando esta obra nas livrarias,
solicite-a diretamente à editora.

Escrituras Editora e Distribuidora de Livros Ltda.
Rua Maestro Callia, 123
04012-100 – Vila Mariana – São Paulo, SP
Tel.: (11) 5904-4499 / Fax.: (11) 5904-4495
escrituras@escrituras.com.br (Administrativo)
vendas@escrituras.com.br (Vendas)
imprensa@escrituras.com.br (Imprensa)
www.escrituras.com.br